1295

Paige W Roberts
Battell 102

BESCHERELLE 1

La conjugaison

DICTIONNAIRE DE DOUZE MILLE VERBES

NOUVELLE ÉDITION ENTIÈREMENT REMISE À JOUR

© HATIER PARIS 1990

ISBN 2-218-01660-5
Vente interdite au Canada

Avertissement

La conjugaison des verbes reste une des principales difficultés de notre langue. Le BESCHERELLE 1 fournit une liste quasi exhaustive des verbes français. Quelques rares verbes désuets ont été abandonnés. En revanche, parmi les centaines de verbes introduits, figurent des verbes relevant des langues de métiers, de la langue argotique...

Comment se fait-il que sept mille entrées représentent douze mille verbes? D'une part, certaines entrées correspondent à plusieurs verbes différents (selon le sens et selon l'origine), p. ex. *appointer, écarter, épater, rembarrer*; d'autre part, les significations de certains verbes se sont parfois développées de manière autonome, p. ex. *entoiler*: fixer quelque chose sur une toile et fixer une toile sur un support. Sont donc comptés les emplois transitifs et les emplois pronominaux qui ne se réduisent pas au sens passif (ce qui serait le cas pour *s'éduquer, s'épousseter* ou *s'exploiter*). Qu'il faille compter plus d'un «verbe» pour *voler* ou *ressortir,* pour *rendre* (et *se rendre*), pour *entraver* (un animal) et *entraver* (comprendre, en argot), cela tombe sous le sens. Si l'on comptait cependant toutes les acceptions distinguées par les bons dictionnaires, on obtiendrait plus de cinquante mille mentions.

Les variantes orthographiques sont signalées, p. ex. *ariser* et *arriser, receper* et *recéper, retercer* et *reterser.*

Comme par le passé, le BESCHERELLE 1 assure une triple fonction. Il offre un **dictionnaire orthographique** des verbes en fin de volume. Il permet de résoudre les problèmes de conjugaison par le renvoi aux **82 tableaux** qui forment la partie centrale de l'ouvrage. Enfin, il présente l'essentiel de la **grammaire du verbe,** qui a été longuement développée dans cette nouvelle édition. Son index préliminaire permet de retrouver rapidement la réponse aux diverses questions sur lesquelles butent la plupart d'entre nous : *accords, participes passés* délicats, notions de *mode, personnes, emploi,* etc.

Puisse donc ce BESCHERELLE 1 contemporain, loin de déconcerter les fidèles usagers du précédent, aider mieux encore que par le passé tous ceux, petits et grands, Français et étrangers, qui veulent maîtriser la conjugaison, y compris dans ses formes rares, et·qui ont le souci de s'exprimer avec pureté et correction.

L'Éditeur

Sommaire

Index
grammatical

Grammaire du verbe

RAPPELS FONDAMENTAUX

Un verbe se **conjugue.** Sont susceptibles de varier : la personne *(aimes, aimons),* le temps *(veut, voulut),* le mode *(envoya, envoyât)* et la voix *(a vendu, s'est vendu, a été vendu).* Les formes entraînées par ces variations sont présentées systématiquement dans les **tableaux de conjugaison** (pp. 34 à 120).

L'accord selon la personne peut présenter quelques difficultés, qu'il s'agisse de l'accord avec le sujet ou, pour le participe passé et dans certains cas seulement, de l'accord avec l'objet. Le chapitre intitulé **grammaire du verbe** (pp. 5 à 31) se propose d'exposer les règles essentielles qui régissent l'accord du verbe avec le sujet, et surtout l'accord du participe passé.

Le **dictionnaire orthographique** (pp. 121 à 175) donne les verbes sous la forme infinitive et mentionne à leur propos les emplois types ou propres dont voici les caractéristiques :

On appelle **transitif** le verbe employé avec un complément d'objet (= sur lequel s'exerce ou passe l'action du sujet exprimée par le verbe). Lorsque le complément d'objet n'est pas précédé par une préposition, il est dit *direct.* Le verbe est alors indexé T dans le dictionnaire, par ex. : *abolir,* T. Lorsque le complément d'objet est introduit par une préposition, il est dit *indirect.* Dans ce cas, la préposition est indiquée dans le dictionnaire, par ex. : *coopérer,* à.

Tous les verbes ne sont pas transitifs. Certains verbes relient l'attribut au sujet : ce sont les **verbes d'état** ou attributifs, par ex. : *devenir, sembler, rester.*

D'autres verbes expriment à eux seuls l'action complète et peuvent se passer d'autres compléments. Ils sont dits **intransitifs** et indexés I dans le dictionnaire, par ex. : *caracoler,* I.

Le verbe **pronominal** est un verbe qui se conjugue avec un pronom personnel de la même personne que le sujet et désignant le même être que lui.

On distingue les emplois *pronominaux réfléchis* (quand l'être dont il s'agit exerce une action sur lui-même : *je me lève*) et les emplois *pronominaux réciproques* (où les êtres exercent une action les uns sur les autres : *ils se battent*).

Certains verbes sont dits *essentiellement pronominaux* parce qu'ils ne peuvent être employés qu'à la forme pronominale.
Par ex. : *s'abstenir, s'écrier, s'enfuir, s'évanouir*, etc.

La tournure pronominale peut correspondre à un sens passif, l'objet de la tournure active devenant sujet *(tous les verbes s'y trouvent = on y trouve tous les verbes)*. L'emploi pronominal est noté P dans le dictionnaire.

La notation P dans le dictionnaire orthographique indique que le participe du verbe ainsi noté demeure invariable dans les temps composés de son emploi pronominal, par ex. : *succéder, P.*

Certains verbes ont **plusieurs emplois**. Tous les verbes transitifs peuvent, avec l'aide du contexte, être employés seuls, «absolument»; ainsi, *commander, T, I, P.*

> *Il commande une compagnie / C'est toujours lui qui commande / Il se commande un café.*

Tous les verbes transitifs peuvent donner lieu à une construction pronominale à sens passif, par ex. : *vendre, T, P.*

> *On vend beaucoup de disques.*
> *Ces disques se sont bien vendus.*

L'indexation T suffit à le rappeler. Pour d'autres verbes, les divers emplois sont indexés séparément, par ex. : I et T *(aborder),* I et P *(baguenauder),* T et P *(abstraire),* ou I, T et P *(crever).*

A RADICAL ET TERMINAISON DU VERBE

Il y a deux parties dans un verbe : le **radical** et la **terminaison** (ou désinence). La terminaison varie; le radical reste le plus souvent invariable. Cependant, il subit parfois des modifications; par ex. : les variantes *meur(s) / mour(ez)* pour *mourir,* ou bien *pouv(ons) / pourr(ai) / puiss(iez) / peu(x) / pu(s)* pour *pouvoir.* Plus rarement, un verbe très irrégulier, comme *aller,* peut comporter plusieurs radicaux bien distincts : *va(s) / all(ons) / ir(ais).*

> Pour trouver le radical d'un verbe, il suffit de retrancher l'une des terminaisons de l'infinitif : **er, ir, oir** et **re**. Ex. : **er** dans *chanter,* **ir** dans *rougir,* etc., radical : *chant, roug.*

B LES TROIS GROUPES DE VERBES

Il y a, en français, trois groupes de verbes, qui se distinguent surtout d'après les terminaisons de l'infinitif, de la première personne de l'indicatif présent et du. participe présent.

> Le 1er groupe renferme les verbes terminés en **er** à l'infinitif et par **e** à la première personne du présent de l'indicatif : *aimer, j'aime.*

> Le 2e groupe renferme les verbes terminés par **ir** et ayant l'indicatif présent en **is** et le participe présent en **issant** : *finir, je finis, finissant.*

> Le 3e groupe comprend tous les autres verbes :
> - Le verbe *aller.*
> - Les verbes en **ir** qui ont le participe présent en **ant**, et non en **issant** : *cueillir, je cueille, cueillant; partir, je pars, partant.*
> - Les verbes terminés à l'infinitif en **oir** ou en **re** : *recevoir, rendre.*

REMARQUE
Les verbes nouveaux sont presque tous du 1er groupe : *téléviser, atomiser, radiographier,* etc.; quelques-uns du 2e groupe : *amerrir.*
Le 3e groupe, avec ses quelque 350 verbes, est une conjugaison morte. À la différence des deux premiers groupes, qui sont de type régulier, c'est lui qui compte le plus grand nombre d'exceptions et d'irrégularités de toute la conjugaison française.
Pour les terminaisons propres à ces trois groupes, voir tableau p. 40.

C VERBES DÉFECTIFS

> Certains verbes ne sont, dans l'usage courant, employés qu'à certains modes et à certains temps. Ces verbes à la conjugaison incomplète sont dits **verbes défectifs**. Ainsi :
> *choir, gésir, quérir...*

D AUXILIAIRES *AVOIR* ET *ÊTRE*

Les deux verbes *avoir* et *être,* qui servent à conjuguer tous les verbes, sont dits *verbes auxiliaires.*

Se conjuguent avec **avoir** : – *avoir* et *être (il a eu, elle a été)* ; – tous les verbes transitifs directs et transitifs indirects ; – un grand nombre de verbes intransitifs ; – la plupart des verbes impersonnels : *il a neigé.*

Se conjuguent avec **être** : – tous les verbes employés pronominalement ; – tous les verbes employés à la voix passive ; – quelques verbes employés impersonnellement : *il est tombé des trombes d'eau.*

Avoir et **être** peuvent s'employer pour un même verbe selon que l'on veut exprimer une action *(Il a débordé la défense adverse)* ou un état *(La défense adverse est débordée),* ou bien en fonction des différents sens que peut avoir un verbe.

NOTA

Avoir et **être** ont aussi un emploi non auxiliaire :
J'ai peur ; Elles sont belles.
Sont dits **semi-auxiliaires** des verbes comme *aller, devoir, faire, falloir, pouvoir* :
Je dois m'en aller ; Il lui faut partir ; Elle peut intervenir elle-même.
(Ces semi-auxiliaires précèdent des infinitifs.)

RÈGLES D'ACCORD

A L'ACCORD DU VERBE AVEC LE SUJET

1 Un seul sujet

RÈGLE
Le verbe s'accorde avec son sujet en nombre et en personne :
Pierre est là. Tu arrives. Nous partons. Ils reviendront.

CAS PARTICULIERS

Qui, sujet, impose au verbe la personne de son antécédent :
C'est moi qui suis descendu le premier, et non *qui est descendu.*
Cependant, après les expressions *le premier qui, le seul qui,* le verbe
peut toujours se mettre à la 3e personne :
    Tu es le seul qui en sois capable ou *qui en soit capable.*
Il en est de même lorsque l'antécédent de *qui* est un pronom
démonstratif :
    Je suis celui qui voit (plus usité que : *je suis celui qui vois).*

Verbes impersonnels. Toujours au singulier : *il* commande
l'accord du verbe, même si le sujet réel est au pluriel :
    Il pleuvait des cordes.

Verbe *être* précédé de *ce*. Le verbe *être,* précédé de *ce* et suivi de
moi, toi, nous, vous, se met à la 3e personne du singulier, et l'on doit
dire : *c'est moi, c'est toi, c'est nous,* etc.
Suivi de *eux (elles),* ou d'un nom au pluriel, l'usage hésite entre le
singulier et le pluriel, l'accord au pluriel, quoique moins courant,
étant considéré comme la forme soignée.

Noms collectifs. Quand le sujet est un nom singulier du type
*foule, multitude, infinité, troupe, groupe, nombre, partie, reste,
majorité, dizaine, douzaine,* etc., suivi d'un complément de nom au
pluriel, le verbe se met au singulier ou au pluriel selon que l'accent
est mis sur l'ensemble ou, au contraire, sur les individus :
    *Une foule de promeneurs remplissait l'avenue. Bon nombre de
    spectateurs manifestèrent bruyamment leur enthousiasme.*

Adverbes de quantité. Quand le sujet est un adverbe tel que *beaucoup, peu, plus, moins, trop, assez, tant, autant, combien, que,* ou des locutions apparentées : *nombre de, quantité de, la plupart,* que ces mots soient suivis ou non d'un complément, le verbe se met au pluriel, à moins que le complément ne soit au singulier :

> *Beaucoup de candidats se présentèrent au concours, mais combien ont échoué !*
> *Peu de monde était venu.*

REMARQUE

Le peu de veut, selon la nuance de sens, le singulier ou le pluriel : *Le peu d'efforts qu'il fait explique ses échecs* (= la quantité insuffisante d'efforts).

> *Le peu de mois qu'il vient de passer à la campagne lui ont fait beaucoup de bien* (= les quelques mois).

Plus d'un veut paradoxalement le singulier, alors que *moins de deux* veut le pluriel :

> *Plus d'un le regrette et pourtant moins de deux semaines seulement se sont écoulées depuis son départ.*

Un(e) des... qui veut généralement le pluriel, mais c'est le sens qui décide si le véritable antécédent de *qui* est le pronom indéfini *un,* et alors le verbe se met au singulier, ou si c'est le complément partitif, et alors le verbe se met au pluriel :

> *C'est un des écrivains de la nouvelle école qui a obtenu le prix.*
> *C'est un des rares romans intéressants qui aient paru cette année.*

Fraction et pourcentage. Quand le sujet est une fraction complétée par un nom, le sens décide si l'accord se fait avec la fraction ou avec son complément :

> *La moitié des députés vota* (ou *votèrent*) *le projet de loi.*

Si le sujet est un pourcentage complété par un nom, l'accord est toujours possible avec l'expression de pourcentage, considérée comme un masculin pluriel :

> *43 % de la récolte ont été perdus ;*
> *32 pour cent de l'électorat avaient voté avant midi.*

Cependant, comme on peut légitimement hésiter, il n'est pas interdit d'opter pour l'accord avec le complément :

> *43 % de la récolte a été perdue ;*
> *32 pour cent de l'électorat avait voté avant midi.*

REMARQUE

Lorsque la fraction est exprimée par un terme singulier comme *quart, tiers* ou *moitié,* on peut appliquer la règle suivante : accord avec ce terme s'il a une valeur précise (*La moitié des coureurs a terminé dans les délais* : par ex. : quarante-deux cyclistes sur quatre-vingt-quatre, très exactement, ont rempli la condition), ou bien accord avec le complément si le terme de quantité ne donne qu'une indication approximative (*La moitié des coureurs ont terminé dans les délais).*

On peut toutefois préférer l'accord avec le complément en toutes circonstances, notamment si l'accord sur *moitié* risque de donner un sens grotesque, laissant à penser, par exemple, que des individus ont été coupés en deux.

▶ **Titres d'œuvres.** Lorsque le sujet est un titre d'œuvre (de livre, de film, de pièce de théâtre, de sculpture...), l'accord se fait d'ordinaire au singulier. Par ex. : Les Misérables *est une œuvre admirable*; Les Enfants du paradis *est un film de Marcel Carné* (et non «sont une œuvre», «sont un film»), etc. Toutefois, avec d'autres constructions, le pluriel est aussi usité : Les Plaideurs *ont été joués trente fois, ce mois-ci;* Les Trois Mousquetaires *ont été portés quatre fois à l'écran...* (Mais l'on évitera des accords donnant un sens risible : Les Deux Orphelines *sont plus épaisses que* Les Trois Mousquetaires !)

2 Plusieurs sujets

RÈGLE

S'il y a plusieurs sujets, et même si chacun d'eux est un singulier, le verbe, sauf cas particulier, se met au pluriel :

Mon père et mon oncle chassaient souvent ensemble.
Chaque homme, chaque femme, pourra se présenter au concours.

Si les sujets sont de différentes personnes, la 2e l'emporte sur la 3e, et la 1re sur les deux autres :

François et toi êtes en bons termes.
François et moi sommes en bons termes.
François, toi et moi sommes tous trois natifs de Versailles.

Si les sujets sont de genres différents, l'accord du participe passé (comme pour les adjectifs) se fait au masculin pluriel :

Ma nièce et mon cousin sont venus.
Hommes et bêtes sont effrayés par ce violent orage.

CAS PARTICULIERS

1 Sujets coordonnés

par **et**. *L'un et l'autre* veut le pluriel, mais le singulier est correct : *L'un et l'autre se disent*; ou, moins couramment, *se dit.* Dans l'emploi pronominal du verbe qui suit, le pluriel est plus usuel :

L'un et l'autre se sont battus comme des lions.

par **ou**, par **ni**. Le verbe se met au singulier si les sujets s'excluent :

La crainte ou l'orgueil l'a paralysé.
Ni l'un ni l'autre n'emportera le prix.

par **comme, ainsi que, avec, aussi bien que, de même que, autant que**... Le verbe se met au pluriel si ces mots équivalent à *et* :

Le latin comme le grec sont des langues anciennes.
Jean avec Marie menaient la danse.

Le verbe se met au singulier lorsque les termes de coordination et les mots qu'ils introduisent sont placés en incise, entre virgules :

Marseille, autant que Paris, est une ville cosmopolite.
Le latin, comme le grec, possède des déclinaisons.

Car alors il n'y a plus addition, mais comparaison.

2 Sujets juxtaposés ou coordonnés

Désignant un être unique ou une même chose : le verbe se met au singulier :

C'est l'année où mourut mon oncle et mon tuteur (= mon oncle, qui était aussi mon tuteur).

Formant une gradation de termes qui expriment différentes nuances ou intensités d'un sentiment, d'une qualité, etc. : le verbe reste au singulier :

L'irritation, le courroux, la rage avait envahi son cœur.

En revanche, le verbe se met au pluriel avec d'apparentes gradations, qui sont plutôt, de par le sens, des additions :

La commune, le département, la région, le pays vantent les mérites du «grand homme».

(On hésiterait à écrire : *La commune, le département, la région, le pays est fier du «grand homme».*)
Synonymes (termes au singulier juxtaposés) : le verbe reste au singulier :

> *Un meurtre, un assassinat, est un crime atroce.*

▶ Résumés par un mot qui constitue le dernier sujet : le verbe s'accorde avec ce mot (généralement : *aucun, chacun, nul, personne, rien, tout, tous...*) :

> *Femmes, moine, duc, tous étaient descendus de la berline.*
> *Cris, pétards, sonneries de clairon, rien ne réveille Hector!*

B L'ACCORD DU PARTICIPE PASSÉ

RÈGLE
Le participe passé employé sans auxiliaire s'accorde avec le nom (ou pronom) auquel il se rapporte comme un simple adjectif :

> *L'année passée. Des fleurs écloses. Vérification faite.*

1 Participe passé employé sans auxiliaire

▶ *Attendu, y compris, non compris, excepté, passé, supposé, vu,* etc.
● Placés devant le nom (ou le pronom), ils sont invariables :

> *Excepté les petits enfants, toute la population de l'île fut massacrée; excepté vous, tout le monde est resté, y compris les personnes âgées.* (= car assimilés à des prépositions)

● Placés après le nom, ils sont sentis comme de vrais participes adjectivés et s'accordent : *les petits enfants exceptés...*

REMARQUE
Placé en tête de phrases le plus souvent exclamatives, *fini* s'accorde, généralement : *Finis les soucis! Finie la comédie! –* mais peut aussi cependant demeurer invariable *(Fini les beaux jours!).* Dans l'expression *fini de...,* il y a toujours invariabilité, car c'est une ellipse pour *«c'en est fini de...» : Fini des «p'tits boulots»!*

● *Étant donné* placé en tête peut s'accorder ou rester invariable :

> *Étant donné les circonstances* ou *étant données les circonstances.* Mais on dira toujours : *Les circonstances étant données...*

● *Ci-joint, ci-inclus,* etc., sont invariables en tête de phrase ou devant un nom sans déterminant (article, adjectif possessif, démonstratif ou numéral) :

> *Ci-inclus la quittance. Ci-joint la copie de la lettre.*

Après un nom, véritables participes adjectivés, ils s'accordent :

> *Vous voudrez bien acquitter la facture ci-jointe.*

L'usage courant contemporain prône l'accord quand ils précèdent un nom accompagné d'un déterminant (article, adjectif possessif, démonstratif ou numéral) :

> *Vous trouverez ci-incluse la lettre du sénateur.*
> *Veuillez trouver ici, ci-jointe, la photocopie du document.*

2 Participe passé employé avec l'auxiliaire *être*

RÈGLE
Le participe passé conjugué avec l'auxiliaire *être* s'accorde en genre et en nombre avec le sujet du verbe :

> *Ces fables seront lues à haute voix.*
> *Nous étions venus en toute hâte. Tant de sottises ont été faites.*

Cette règle vaut pour tous les temps de tous les verbes à la forme passive et pour les temps composés de quelques verbes intransitifs à la forme active *(aller, arriver, mourir, naître, partir, venir...)* ou d'autres employés à la tournure intransitive *(descendre, entrer, monter).*

3 Participe passé employé avec l'auxiliaire *avoir*

RÈGLE
Le participe passé conjugué avec l'auxiliaire *avoir* s'accorde en genre et en nombre avec le complément d'objet direct placé avant le verbe. S'il n'y a pas de complément d'objet direct, ou si le complément d'objet direct est placé après le verbe, le participe passé reste invariable :

> *Je n'aurais jamais fait les sottises qu'il a faites.*
> *As-tu lu les journaux? Je les ai bien lus. J'ai lu trop vite.*

Cette règle vaut pour les temps composés de tous les verbes à la forme active, à part quelques verbes intransitifs signalés comme se conjuguant avec *être.*

REMARQUE
Aux temps surcomposés, seul le dernier participe passé varie : *Merci de vos nouvelles! Dès que je les ai eu reçues...*

CAS PARTICULIERS

1 **Participes conjugués avec *être***

Verbes pronominaux

a. Le participe passé des **verbes essentiellement pronominaux** (dans lesquels le pronom réfléchi n'a pas de fonction analysable, par ex. *s'absenter, s'écrier, s'enfuir, s'évanouir, s'extasier, se rebeller, se repentir...*) se conjugue avec l'auxiliaire *être* et s'accorde tout à fait normalement avec le sujet :

> *Les paysans se sont souvenus de la sécheresse de l'été 1976.*

S'arroger est l'unique exception au sein des verbes essentiellement pronominaux : son participe passé s'accorde comme s'il était conjugué avec *avoir* :

> *Ils se sont arrogé des droits.*
> *Les prérogatives qu'ils se sont arrogées*
> (accord avec le complément d'objet direct, *prérogatives,* qui précède le verbe).

b. Le participe passé des **verbes pronominaux à sens passif** (voir p. 7) se conjugue également avec *être* et s'accorde avec le sujet :

> *L'an passé, les foins s'étaient fauchés très tard.*

c. Le participe passé de **certains verbes intransitifs employés pronominalement** *(se complaire, se nuire, se parler, se plaire, se rire, se succéder...)* est toujours invariable (puisque ces verbes ne peuvent admettre de compléments d'objet direct) :

> *Elle s'est plu à la montagne.*
> *Elles se sont ri de lui.*
> *Ils se sont parlé des heures entières.*
> *Les deux fiancés pressentis se sont plu.*
> *Ces trois frères se sont succédé sur le trône impérial*
> (= ont succédé à eux).
> *Ils se sont nui*
> (ils ont nui à eux-mêmes, ou nui les uns aux autres;
> *se* est complément d'objet indirect : pas d'accord).

d. Pour les emplois **réfléchis** ou **réciproques** (cf. p. 7), l'auxiliaire *être* étant mis pour *avoir*, le participe passé s'accorde comme s'il était conjugué avec *avoir*, c'est-à-dire avec le complément d'objet direct placé avant :

> *La jeune fille s'est regardée dans son miroir*
> (elle a regardé elle-même).
> *Les deux amis se sont regardés longuement avant de se séparer*
> (= ils se sont regardés mutuellement).
> *La question qu'il s'est posée* (il a posé la question à lui-même).

RÈGLE

Toutes les fois que dans un verbe pronominal on peut remplacer l'auxiliaire *être* par l'auxiliaire *avoir*, on doit accorder le participe passé avec le complément d'objet direct s'il est placé avant (le plus souvent le pronom réfléchi, mais pas toujours) :

> *Ils se sont lavés à l'eau froide*
> (ils ont lavé eux-mêmes : accord avec *se*).
> *La soupe qu'il s'est préparée* (il a préparé la soupe : accord avec *que*, dont l'antécédent est *soupe*).

Mais, s'il n'y a pas de complément d'objet direct, ou si celui-ci est placé après le verbe, le participe passé reste invariable :

> *Ils se sont lavé les mains*
> (ils ont lavé les mains à eux-mêmes; le complément d'objet direct, *mains,* est placé après le verbe : pas d'accord).
> *Il s'est préparé la soupe*
> (il a préparé la soupe à lui-même; le complément d'objet direct, *soupe,* est placé après le verbe : pas d'accord).

2 **Participes conjugués avec** *avoir*

> Le COD est **en, l', une foule de**...

a. Le pronom adverbial *en,* signifiant *de lui, d'elle, d'eux, d'elles, de cela* (c'est-à-dire ayant un sens «partitif»). La règle généralement admise est de ne pas accorder le participe puisque *en* n'est pas alors, à proprement parler, un complément d'objet direct :

> *Une bouteille de liqueur traînait par là : ils en ont bu.*
> *Des nouvelles de mon frère? Je n'en ai pas reçu depuis fort longtemps.*

Lorsque *en* est associé à un adverbe de quantité tel que *combien, tant, plus, moins, beaucoup,* etc., les règles sont si contestées que le parti le plus sage est de laisser le participe toujours invariable :

> *Des truites? Il en a tant pris! Pas autant cependant qu'il en a manqué.*
> *Combien en a-t-on vu, je dis des plus huppés.* (Racine)
> *J'en ai tant vu, des rois.* (V. Hugo)

REMARQUE
Il ne faut pas confondre *en,* pronom à valeur partitive, avec un adverbe de lieu : *Je dois retourner à ma banque, car les sommes que j'en ai retirées sont insuffisantes* (*en* a le sens de *là,* de *de la banque,* et n'empêche pas l'accord du participe passé *retirées* avec son complément d'objet direct *que* – placé avant – qui a pour antécédent *sommes*).

b. Le pronom personnel *l'.* Quand il a le sens de *cela* et représente toute une proposition, le participe passé reste invariable.

> *Cette équipe s'est adjugé facilement la victoire, comme je l'avais pressenti.*

Mais, lorsque *l'* tient la place d'un nom féminin, le participe s'accorde normalement :

> *Cette victoire, je l'avais pressentie.*

c. Un nom collectif suivi d'un complément au pluriel *(une foule de gens),* un adverbe de quantité *(combien de gens),* les locutions *le peu de, un des... qui, plus d'un, moins de deux,* une fraction, un pourcentage. Il y a lieu, pour l'accord du participe passé, d'observer les mêmes règles qui régissent l'accord du verbe lorsque ces expressions sont sujet (voir p. 10).

▶ **Verbes tantôt transitifs, tantôt intransitifs**

> *Les millions que cette maison a coûté*
> (elle a coûté combien?), mais :
> *Les soucis que cette maison a coûtés* (elle nous a coûté quoi?).
> *Les dix kilos que cette valise a pesé* (elle a pesé combien?),
> mais : *Les paroles qu'il a longuement pesées* (il a pesé quoi?).

Il faut veiller à ne pas confondre un complément circonstanciel sans préposition exprimant la valeur, la durée, la distance *(coûter des millions, peser des tonnes...),* avec un complément d'objet direct *(coûter des soucis, peser des paroles...).* Le premier répond à la

question *combien*? Alors que le second répond à la question *quoi*?...
Ici, comme ailleurs, il y a des cas d'espèce! Et il faut bien faire
l'accord :

> *Les cent mètres que j'ai courus*

s'il s'agit des propos d'un sprinter évoquant les épreuves courues
(les cent mètres) dans sa carrière!

▶ Participes passés suivis d'un infinitif (**laissé faire**, etc.)

a. *Vu, regardé, aperçu, attendu, écouté, senti* (verbes de percep-
tion), *envoyé, amené, laissé,* suivis d'un infinitif, tantôt s'accordent
et tantôt sont invariables.
Si le nom (ou le pronom) qui précède est sujet de l'infinitif, ce nom
est senti comme complément d'objet direct du participe, et celui-ci
s'accorde :

> *La pianiste que j'ai entendue jouer.* (j'ai entendu qui? – la
> pianiste faisant l'action de jouer); le complément d'objet direct
> *que,* mis pour *la pianiste,* est placé avant : on accorde.

Si le nom (ou le pronom) qui précède est complément d'objet et non
sujet de l'infinitif, le participe reste invariable puisqu'il a comme
complément l'infinitif lui-même :

> *La sonate que j'ai entendu jouer.* (j'ai entendu quoi? – jouer;
> jouer quoi? – la sonate); le complément d'objet direct *jouer* est
> placé après : on n'accorde pas.

Selon cette règle, on écrit donc :

> *Les arbres que j'ai vus fleurir;*
> *les arbres que j'ai vu abattre.*
> *Il les a laissés courir;*
> *il les a laissé attraper par la gendarmerie.*

La règle reste la même si l'infinitif est précédé d'une préposition :

> *Les acteurs qu'on a empêchés de jouer.*
> *Les acteurs qu'on a empêché de huer.*

Le complément d'objet direct est le plus souvent un pronom
personnel ou relatif; mais il peut également être un nom précédé
d'un adjectif interrogatif ou d'un adverbe de quantité :

> *Quelle pianiste avez-vous entendue jouer?*
> *Quelle sonate avez-vous entendu jouer?*
> *Combien de symphonies avez-vous entendu jouer?*
> *Que de cantates vous avez entendu chanter!*

b. Les participes passés exprimant une opinion *(cru, pensé, reconnu...)* ou une déclaration *(dit, affirmé, supposé...)* suivis d'un infinitif sont toujours invariables :

> *Il a perdu la bague qu'il m'avait dit lui venir de sa mère.*

Et non : *qu'il m'avait dite*, car le complément d'objet direct de *avoir dit* est toute la proposition (il m'avait dit quoi ? – que sa bague lui venait de sa mère).

> *Cette lettre qu'il avait cru venir de Paris.*
> *Cette voie qu'il avait supposé être la plus courte.*

c. *Fait* suivi d'un infinitif est toujours invariable, car il forme avec l'infinitif une expression verbale indissociable :

> *Les soupçons qu'il a fait naître* (*que,* mis pour *soupçons,* est complément d'objet direct de *a fait naître,* et non de *a fait* seul).

d. Pour une raison semblable, *laissé* suivi d'un infinitif, particulièrement dans les locutions *laisser dire, laisser faire, laisser aller,* peut ne pas s'accorder même quand le nom (ou le pronom) qui précède est sujet de l'infinitif :

> *Quelle indulgence pour ses petits-enfants !*
> *Il les a laissé jouer longuement avec sa montre et il ne les a pas laissé gronder.*

On peut, il est vrai, écrire : *il les a laissés jouer avec sa montre* si, détachant le verbe *laisser* du verbe *jouer,* on comprend : *il leur a permis de jouer avec sa montre.* Mais le deuxième participe *laissé* est obligatoirement invariable puisque en aucun cas *les* ne peut être sujet de *gronder.*

e. *Eu à, donné à, laissé à* suivis d'un infinitif s'accordent ou restent invariables, selon que le nom (ou le pronom) qui précède est senti ou non comme le complément d'objet direct du participe :

> *Les problèmes qu'il a eu à résoudre.* (Il a eu à résoudre que : le sens est ici : «il a été tenu de (quoi ? = résoudre) résoudre – il a dû résoudre – les problèmes».)
> *Les problèmes qu'il a eus à résoudre.* (Il a eu que, c'est-à-dire des problèmes, à résoudre.)
> *L'auto qu'on lui avait donnée à réparer.* (On lui avait donné quoi ? – l'auto en vue d'une réparation.)

Mais ces distinctions sont parfois bien subtiles, et l'accord est facultatif.

f. *Dû, permis, pu, voulu* sont invariables quand leur complément d'objet direct est un infinitif ou toute une proposition sous-entendue :

> *J'ai fait tous les efforts que j'ai pu* (faire), *mais je n'ai pas eu tous les succès qu'il aurait voulu* (que j'eusse).

Ne tolérant pas d'autre emploi, *pu* est toujours invariable.

▷ Participes passés suivis d'un attribut d'objet

Le participe passé s'accorde généralement avec l'attribut d'objet si ce complément d'objet direct précède le participe :

> *Son négoce l'a rendue opulente.*

Mais on hésite légitimement dans d'autres cas. Ainsi :

> *On les avait crus morts.*
> *Sa voix qu'on eût dite cassée.*

où l'on ressent le sens comme étant : «on avait cru qu'ils étaient morts», «on aurait dit que sa voix était cassée»... Dans ces cas controversés, certains grammairiens tolèrent, voire préconisent, l'invariabilité :

> *Sa voix que l'on eût dit cassée.*

Si l'attribut est introduit par *à, comme, de, pour,* le participe passé s'accorde toujours :

> *Je l'ai choisie comme marraine.*
> *Il les a traités de sots.*
> *Elle les a prises pour martyres.*

3 Locutions verbales figées

a. Le participe passé est figé au masculin singulier dans :

> *Je l'ai échappé belle!* (De même que *eu* doit rester invariable dans les temps surcomposés : *Je l'ai eu échappé belle!*)
> *Il nous l'a baillé belle! Je l'ai manqué belle!*

b. Dans l'expression *se faire fort,* employée couramment au sens de «s'engager à», *fort* est adverbial et *fait* reste invariable lui aussi :

> *Elles s'étaient fait fort de gagner la finale.*

Au sens propre, moins usuel – *«s'être endurci»* –, *fort* est adjectif, donc s'accorde, ainsi que *fait* :

> *Elle s'était faite forte pour affronter le courroux de son père.*

QUELQUES PARTICIPES PASSÉS À NOTER

▶ **aperçu(e)(s)** (elle s'est; ils/elles se sont) : participe toujours accordé avec le sujet à la forme pronominale :

> *Ils s'en sont aperçus; elle s'est aperçue de sa bévue.*

▶ **arrogé(e)(s)** : le participe du verbe essentiellement pronominal *s'arroger* ne s'accorde que s'il y a un COD, et à condition que celui-ci précède le verbe :

> *Le contremaître s'est arrogé des prérogatives injustifiées;*
> *les prérogatives qu'il s'est arrogées.*

▶ **attendu(e)(s)** (elle s'était; ils/elles s'étaient... que) : participe toujours accordé avec le sujet à la forme pronominale :

> *Ils s'étaient attendus que cela arriverait un jour; elle s'était*
> *attendue au pis dès le premier jour.*

▶ **complu** (elle s'est; ils/elles se sont... à) :
participe toujours invariable :

> *Il s'est complu à jardiner; Paul et Virginie se sont complu à....*

▶ **convenu** (ils/elles se sont) : participe toujours invariable à la forme pronominale :

> *Les deux futurs époux se sont convenu*
> (= ont convenu l'un à l'autre).

▶ **déplu** (elle s'est; ils/elles se sont) : participe toujours invariable :

> *Raymond et Brigitte se sont réciproquement déplu;*
> *elle s'est déplu, à la montagne...*

▶ **douté(e)(s)** (elle s'est; ils/elles se sont) : à la forme pronominale, le participe s'accorde toujours avec le sujet :

> *Elle s'est doutée du larcin; ils se sont doutés de son erreur.*

▶ **fait** (suivi d'un infinitif) : toujours invariable :

> *Elle s'est fait faire deux robes; elles se sont fait poser un dentier;*
> *les tartes que l'on a fait cuire au feu de bois.*

Le participe *fait* est également invariable dans «se faire fort de» :
Elles s'étaient fait fort d'obtenir un laissez-passer.
Il est également invariable dans une construction impersonnelle :
Les grands froids qu'il a fait.

▷ **joué(e)(s)** (elle s'est... de; ils/elles se sont... de) : en cet emploi, le participe s'accorde toujours avec le sujet :
Elle s'est jouée de lui; ils se sont joués de l'équipe adverse.

▷ **menti** (elle s'est; ils/elles se sont) : participe toujours invariable :
Ils se sont menti toute leur vie;
elle s'est menti à elle-même en refusant de voir les réalités.

▷ **mépris(e)(es)** (elle s'est; elles se sont) : le participe s'accorde toujours avec le sujet :
Elle s'est méprise sur ses intentions;
elles se sont méprises stupidement.

▷ **nui** (elle s'est; ils/elles se sont) : participe toujours invariable :
En agissant ainsi, elle s'est nui;
les deux chefs de clan se sont nui.

▷ **parlé** (elle s'est; ils/elles se sont) : participe toujours invariable :
Elle s'est parlé aussi durement que si elle s'était adressée à quelqu'un; ils se sont parlé toute la nuit.

▷ **pesé** = **pesé(e)(s)(es)** : bien faire la distinction entre un COD → accord (*les cent vingt kilos de confiture que l'épicier a pesés* = a pesé quoi?) et un complément circonstanciel → non-accord (*les soixante kilos qu'elle a pesé lorsqu'elle avait la trentaine* = a pesé combien?).

▷ **plu** (elle s'est; ils/elles se sont) : participe toujours invariable :
Lucien et Marion se sont plu;
elle s'est plu à le faire enrager.

▷ **rendu compte** (elle s'est; ils/elles se sont) : participe toujours invariable :
Elles ne se sont rendu compte de rien.

▸ **ressemblé** (ils/elles se sont) : participe toujours invariable :

> *Les programmes de ces deux partis ne se sont jamais autant ressemblé.*

▸ **ri** (elle s'est; ils/elles se sont) : participe toujours invariable :

> *Ils se sont ri de cet exercice.*

▸ **souri** (elle s'est; ils/elles se sont) : participe toujours invariable :

> *Elle s'est souri dans la glace;*
> *Jeanne-Marie et Jacques se sont souri.*

▸ **succédé** (ils/elles se sont) : participe toujours invariable :

> *Louis XVIII et Charles X se sont succédé.*

▸ **suffi** (elle s'est; ils/elles se sont) : participe toujours invariable :

> *Elle s'est suffi à elle-même; ils se sont suffi de ces explications.*

▸ **survécu** (ils/elles se sont) : participe toujours invariable :

> *Elles se sont survécu.*

▸ **voulu** (elle s'en est; ils/elles s'en sont) : participe passé toujours invariable en cet emploi :

> *Elle s'en était voulu longtemps de sa méprise; ils s'en sont voulu réciproquement durant un demi-siècle.*

LE SENS DES MODES ET DES TEMPS

Les modes des verbes – indicatif, impératif, subjonctif, conditionnel... – ont des valeurs bien distinctes (mais il peut y avoir entre eux des équivalences, car l'on peut exprimer une même idée de différentes manières). Ainsi :

▸ **L'indicatif** sert à exprimer, soit dans des propositions indépendantes et principales, soit dans des propositions subordonnées introduites par **que**, la certitude, la déclaration, le jugement, la

pensée, une croyance... mais aussi la probabilité. Par ex. : *Je ne vois rien; Elle était sûre d'arriver à l'heure; J'affirme qu'il fait beaucoup trop chaud!...*
A l'intérieur de l'indicatif, **le présent** est notamment employé pour : 1. marquer un fait actuel *(Je descends à l'atelier!)*; 2. un fait habituel *(Quand il pleut, je prends un parapluie)*; 3. une pensée d'ordre général *(Bien mal acquis ne profite jamais)*.

L'imparfait sert, entre autres, à marquer : 1. une action simultanée par rapport à une autre *(Lorsque vous étiez à Saint-Malo, je séjournais à Cannes)*; 2. la répétition de l'action *(Au Moyen Age, les hivers étaient fort rudes)*; 3. la supposition *(Faites comme si vous étiez sur place!)*; 4. une action en cours dans le passé *(La nuit tombait...)*.

Le passé simple marque un fait passé à un moment précis *(La bataille était commencée depuis trois heures quand Blücher arriva)*, et est surtout employé pour la narration *(Alors se produisit un événement inouï, qui...)*.

Le futur simple indique qu'une action va se produire, ou devrait se produire, dans un avenir plus ou moins proche *(Quand le chef de l'État disparaîtra...; Jeudi, j'irai au Salon du Livre)*. Il existe aussi un «futur de politesse» qui donne une formulation atténuée de l'affirmation *(Je vous dirai que, à ce moment-là, je n'étais qu'un débutant...)*.

Le futur antérieur indique : 1. qu'une action sera passée quand une autre interviendra *(Dès que j'aurai fini ce rapport, j'irai à la conférence)*; 2. qu'on formule une hypothèse *(Vous aurez sans doute mal compris)*; 3. qu'une action sera achevée à une date plus ou moins précise *(Ce jour-là, on pourra dire que l'humanité aura fait un grand pas)*.

Le passé antérieur indique surtout une action passée qui a précédé immédiatement une autre action passée *(Lorsque Richelieu eut appris le complot de Cinq-Mars, il réagit avec vigueur)*.

Le plus-que-parfait a un même emploi, mais il n'y a pas un rapport de succession immédiate entre les deux faits *(Alors qu'on avait proclamé la république depuis un siècle, les inégalités persistaient)*. Autre emploi, dans une proposition indépendante : une simple constatation *(Les grands-parents étaient arrivés l'avant-veille)*.

▶ Mentionnons encore **les temps surcomposés** de l'indicatif, qui, usités dans la proposition subordonnée, doivent exprimer l'antériorité d'une action par rapport à l'action mentionnée – déjà à un temps composé – dans la proposition principale *(Quand il a eu fini de peindre, il a pris une imposante collation!).*

▶ **L'impératif** exprime un ordre ou une interdiction *(Ne va pas te noyer! Parle-lui donc!).*

▶ **Le conditionnel** émet une hypothèse, une supposition, valable pour le présent ou pour l'avenir, si l'on emploie le présent; relative au passé, si l'on utilise le conditionnel passé *(Elles nous rejoindraient, si elles le pouvaient; À l'époque, je n'aurais pas pu faire cet achat).*

▶ **Le subjonctif**, enfin, est le mode le plus employé dans les propositions subordonnées (exprimant l'éventualité, l'hypothèse, la possibilité, le sentiment, le souhait, le désir, le doute, le conseil...). C'est ce mode qui doit être utilisé dans les subordonnées assujetties à des principales dont le verbe exprime l'ordre, le conseil, l'attente, l'obligation, la crainte, l'étonnement, la douleur, etc.

▶ La concordance des temps s'applique principalement entre propositions principales et propositions subordonnées, puisque le mode et le temps du verbe de la principale déterminent, en fonction de la signification à donner au texte, le mode et le temps des verbes des subordonnées (voir ci-après).

NOTA
Il y a, en dehors de cette «concordance grammaticale», une «concordance littéraire» qui n'est pas obligatoirement liée à l'interdépendance entre principales et subordonnées.

LA CONCORDANCE DES TEMPS EN FRANÇAIS

On appelle **concordance des temps** la nécessaire correspondance qui doit exister – d'après le sens et la chronologie – entre le temps du verbe de la proposition principale et le temps du verbe de la (ou des) proposition(s) subordonnée(s).

Le fait exprimé par la subordonnée peut être : simultané, antérieur ou postérieur par rapport à l'action principale.

A ACTION PRINCIPALE AU PRÉSENT DE L'INDICATIF

1 Action subordonnée antérieure à l'action principale

Passé simple (il s'agit d'un événement précis, bien limité dans le temps) : *Je crois que Ney eut grand tort, à Waterloo, de charger précipitamment; Elle me dit souvent qu'ils souffrirent du froid.*

Imparfait de l'indicatif (qui exprime, le plus souvent, la durée d'une action) : *Je ne crois pas me tromper en disant que le bâton des pèlerins s'appelait un bourdon...; Il nous semble aujourd'hui que les hivers de cette époque-là étaient extrêmement rigoureux; Je suis sûr qu'elle venait le lundi et le jeudi.*

Passé composé (qui peut concerner un événement relativement proche dans le passé) : *Je pense que Bobet a eu tort d'attaquer dans l'ascension de l'Aubisque, ce jour-là; Il me semble que Paul a eu raison de regagner le port, avant-hier; Tu crois vraiment que Laurence a été désagréable avec ses cousins, dimanche dernier?*

Plus-que-parfait de l'indicatif : *Je pense que Michel avait perdu, en ces circonstances, une bonne occasion de se taire...*

Passé du subjonctif : *Je doute qu'ils aient eu connaissance des préparatifs d'invasion; Je crains que son discours n'ait été déformé par les médias.*

Imparfait du subjonctif : *Je doute encore qu'il pût, seul, atteindre le sommet du K 2.*

NOTA

Dans *je doute qu'il pût,* on conteste la possibilité d'une action dont chacun sait qu'elle n'a pu être menée à bien. Avec *je doute qu'il ait pu,* on est sceptique sur la bonne fin de cette action, dont d'autres estiment qu'elle a été réalisée.

▶ **Plus-que-parfait du subjonctif** : *Je ne crois pas qu'il eût réussi cette première sans l'absence des vents du nord.*

2 Action subordonnée simultanée avec le fait principal

▶ **Présent de l'indicatif** : *Je sais qu'il passe tous les matins à 8 heures.*

▶ **Présent du subjonctif** : *Je ne crois pas qu'il soit présent dans la salle.*

3 Action subordonnée postérieure à l'action principale

▶ **Futur de l'indicatif** : *Je crois qu'un jour il trouvera ce fameux virus; Je pense qu'un jour ils seront indépendants...*

▶ **Présent du subjonctif** : *Je souhaite qu'un jour il vienne constater par lui-même la difficulté de l'entreprise; Il faut qu'elle soit là demain soir au plus tard.*

B ACTION PRINCIPALE À UN TEMPS PASSÉ DE L'INDICATIF

1 Fait subordonné antérieur au fait principal

▶ **Plus-que-parfait de l'indicatif** : *Je croyais qu'elle avait eu des jumeaux* (le locuteur reconnaît qu'il était alors dans l'erreur, ou, du moins, qu'il éprouve un doute : *Mais... je croyais qu'elle avait eu des jumeaux?...*).

▶ **Plus-que-parfait du subjonctif** : *Il ne me semblait pas qu'il eût pu avoir la moindre chance de l'emporter.*

2 Fait subordonné simultané avec l'action principale

▶ **Imparfait de l'indicatif** : *J'étais persuadé qu'il était dans l'ignorance du complot; Nous savions qu'il dérobait tous les jours cent francs dans la caisse.*

 **Imparfait du subjonctif** : *Vous doutiez qu'il fût officier de la Légion d'honneur; Nous craignions qu'elle n'arrivât trop en retard pour pouvoir prendre le Concorde.*

3 Action subordonnée postérieure au fait principal

Présent du conditionnel : *Il savait que Claudine ne viendrait pas à leur rendez-vous.*

Imparfait du subjonctif : *Nous n'imaginions pas qu'il pût un jour accéder à la présidence de la République.*

C **ACTION PRINCIPALE AU FUTUR DE L'INDICATIF**

1 Action subordonnée antérieure au fait principal

Passé simple de l'indicatif : *Il m'arrivera sans doute de penser que je fus trop timoré ce jour-là...*

Imparfait de l'indicatif : *Plus tard, je penserai sans doute que nous avions de l'audace.*

Passé composé de l'indicatif : *Tu croiras certainement que nous avons eu tort de racheter ce château.*

2 Action subordonnée simultanée par rapport à l'action principale

Présent de l'indicatif : *Demain, je penserai peut-être qu'il a raison d'entreprendre cette reconversion.*

Présent du subjonctif : *Je réclamerai alors qu'il comparaisse devant le jury d'honneur.*

3 Action subordonnée postérieure à l'action principale

Futur de l'indicatif : *Nous dirons qu'elles passeront le week-end à Cabourg.*

Présent du subjonctif : *J'exigerai qu'une réponse me soit fournie dans les huit jours.*

D ACTION PRINCIPALE AU CONDITIONNEL PRÉSENT

1 Action subordonnée antérieure à l'action principale

▶ **Plus-que-parfait du subjonctif** : *Nous penserions volontiers qu'il eût été licencié si n'avait éclaté à ce moment-là la crise de politique étrangère.* (On peut accepter *qu'il aurait été,* formulation moins littéraire, moins rigoureuse, mais d'usage courant.)

2 Action simultanée par rapport à l'action principale

▶ **Imparfait du subjonctif** : *Je n'hésiterais pas à penser qu'il pût un jour réussir si jusqu'ici il avait montré de la constance dans l'effort.* (Dans la langue courante, on utilise fréquemment le présent du conditionnel : *Je n'hésiterais pas à penser qu'il pourrait...*)

3 Action postérieure à l'action principale

▶ **Imparfait du subjonctif** : *Il semblerait qu'il finît toujours par avoir raison...* (Mais on tolère *qu'il finisse.*)

E ACTION PRINCIPALE AU PASSÉ DU CONDITIONNEL

1 Fait subordonné antérieur à l'action principale

▶ **Plus-que-parfait du subjonctif** : *Il aurait plutôt pensé qu'Irène eût payé en dollars.*

2 Action subordonnée simultanée par rapport au fait principal

▶ **Imparfait du subjonctif** : *Il aurait cru qu'elle appelât son frère.* (Dans la langue usuelle, on a recours au conditionnel passé : *Il aurait cru qu'elle aurait appelé son frère.*)

3 Action subordonnée postérieure à l'action principale

▶ **Imparfait du subjonctif** : *On aurait pensé que, huit jours plus tard, elle accouchât.* (Le conditionnel passé est plus usité dans le langage courant : *On aurait pensé que, huit jours plus tard, elle aurait accouché.*)

REMARQUE

Comme on a pu le lire ci-dessus, la **concordance des temps** consiste en l'application de règles régissant l'emploi des temps des verbes en fonction du sens et de la chronologie. En certains cas – notamment quand l'action subordonnée est antérieure –, on doit choisir, entre plusieurs temps, celui qui reflétera le mieux la pensée, le sens.

On peut hésiter à employer l'imparfait du subjonctif, dont les formes semblent souvent affectées, prétentieuses... Moins puriste, certes, le présent du subjonctif est fréquemment préféré : *J'aurais voulu que vous vainquiez* (à la place de l'orthodoxe : *J'aurais voulu que vous vainquissiez,* par exemple).

4 Subordonnées de condition introduites par *si*

▷ Si le verbe de la principale est au conditionnel, le verbe de la subordonnée est à l'imparfait de l'indicatif : *Si je le pouvais, je récrirais le dernier chapitre.* Ou au plus-que-parfait de l'indicatif, si la principale est au passé du conditionnel : *Si j'avais su, je ne serais pas venu en voiture !*

▷ Si le verbe de la principale est au présent de l'indicatif, *si* est suivi du présent ou du passé composé de l'indicatif : *Si vous ne venez pas, je m'en vais ; S'ils ont acheté du champagne, je n'apporte pas de vin...*

▷ Dans la langue littéraire très soignée, le subjonctif plus-que-parfait peut suivre *si* lorsque le verbe de la principale est au conditionnel passé : *Je l'aurais attrapé si je l'eusse pu.*

Conjugaison des verbes types

TABLEAU SYNOPTIQUE P. 34 ET 35

Les ■ dans le bandeau vertical des tableaux
correspondent au groupe :
■ 1er groupe, ■■ 2e groupe, ■■■ 3e groupe.

TABLEAU SYNOPTIQUE

TABLEAUX GÉNÉRAUX		
1 Auxiliaire *avoir*		**4** Forme pronominale *(se méfier)*
2 Auxiliaire *être*		**5** Les terminaisons des trois groupes de verbes
3 Forme passive *(être aimé)*		**6** Forme active *(aimer)*

■ **PREMIER GROUPE** (VERBES EN -ER)

6	aimer	**-er**	**13**	créer	**-éer**
7	placer	**-cer**	**14**	assiéger	**-éger**
8	manger	**-ger**	**15**	apprécier	**-ier**
9	peser	**-e(.)er**	**16**	payer	**-ayer**
10	céder	**-é(.)er**	**17**	broyer	**-oyer/uyer**
11	jeter	**-eler/eter I**	**18**	envoyer	**–**
12	modeler	**-eler/eter II**			

■■ **DEUXIÈME GROUPE** (VERBES EN -IR/ISSANT)

19	finir	**-ir**	**20**	haïr	**–**

Pour savoir avec quel auxiliaire se conjugue un verbe, se reporter au **dictionnaire orthographique** p. 121 à 175.

21 Généralités	22 aller

Première section — VERBES EN -IR/ANT

23	tenir	-enir	31	bouillir	-llir
24	acquérir	-érir	32	dormir	-mir
25	sentir	-tir	33	courir	-rir
26	vêtir	–	34	mourir	–
27	couvrir	-vrir/frir	35	servir	-vir
28	cueillir	-llir	36	fuir	-uir
29	assaillir	–	37	ouïr, gésir	
30	faillir, défaillir	–			

Deuxième section — VERBES EN -OIR

38	recevoir	-cevoir	46	falloir	-loir
39	voir	-voir	47	valoir	–
40	pourvoir	–	48	vouloir	–
41	savoir	–	49	asseoir	-seoir
42	devoir	–	50	seoir, messeoir	–
43	pouvoir	–	51	surseoir	–
44	mouvoir	–	52	choir, échoir, déchoir	
45	pleuvoir	–			

Troisième section — VERBES EN -RE

53	rendre	-andre/endre /ondre -erdre/ordre	67	croître	-oître
			68	croire	-oire
			69	boire	–
54	prendre	–	70	clore	-ore
55	battre	-attre	71	conclure	-clure
56	mettre	-ettre	72	absoudre	-soudre
57	peindre	-eindre	73	coudre	–
58	joindre	-oindre	74	moudre	–
59	craindre	-aindre	75	suivre	-ivre
60	vaincre	–	76	vivre	–
61	traire	-aire	77	lire	-ire
62	faire	–	78	dire	–
63	plaire	–	79	rire	–
64	connaître	-aître	80	écrire	–
65	naître	–	81	confire	–
66	paître, repaître	–	82	cuire	-uire

1 VERBE **AVOIR**

INDICATIF

Présent

j'	ai
tu	as
il	a
nous	avons
vous	avez
ils	ont

I have

Passé composé

j'	ai	eu
tu	as	eu
il	a	eu
n.	avons	eu
v.	avez	eu
ils	ont	eu

I had

Imparfait

j'	avais
tu	avais
il	avait
nous	avions
vous	aviez
ils	avaient

I had
I've had

Plus-que-parfait

j'	avais	eu
tu	avais	eu
il	avait	eu
n.	avions	eu
v.	aviez	eu
ils	avaient	eu

I had had

Passé simple

j'	eus
tu	eus
il	eut
nous	eûmes
vous	eûtes
ils	eurent

I had

Passé antérieur

j'	eus	eu
tu	eus	eu
il	eut	eu
n.	eûmes	eu
v.	eûtes	eu
ils	eurent	eu

Futur simple

j'	aurai
tu	auras
il	aura
nous	aurons
vous	aurez
ils	auront

I'll have

Futur antérieur

j'	aurai	eu
tu	auras	eu
il	aura	eu
n.	aurons	eu
v.	aurez	eu
ils	auront	eu

I will have had

SUBJONCTIF

Présent

que j'	aie
que tu	aies
qu'il	ait
que n.	ayons
que v.	ayez
qu'ils	aient

Passé

que j'	aie	eu
que tu	aies	eu
qu'il	ait	eu
que n.	ayons	eu
que v.	ayez	eu
qu'ils	aient	eu

Imparfait

que j'	eusse
que tu	eusses
qu'il	eût
que n.	eussions
que v.	eussiez
qu'ils	eussent

Plus-que-parfait

que j'	eusse	eu
que tu	eusses	eu
qu'il	eût	eu
que n.	eussions	eu
que v.	eussiez	eu
qu'ils	eussent	eu

IMPERATIF

Présent

aie
ayons
ayez

Passé

aie	eu
ayons	eu
ayez	eu

CONDITIONNEL

Présent

j'	aurais
tu	aurais
il	aurait
n.	aurions
v.	auriez
ils	auraient

I'd have

Passé 1re forme

j'	aurais	eu
tu	aurais	eu
il	aurait	eu
n.	aurions	eu
v.	auriez	eu
ils	auraient	eu

I would have had

Passé 2e forme

j'	eusse	eu
tu	eusses	eu
il	eût	eu
n.	eussions	eu
v.	eussiez	eu
ils	eussent	eu

INFINITIF

Présent

avoir

Passé

avoir eu

PARTICIPE

Présent

ayant

Passé

eu, eue
ayant eu

Avoir est un verbe transitif quand il a un complément d'objet direct : *J'ai un beau livre.* Mais le plus souvent il sert d'auxiliaire pour tous les verbes à la forme active sauf pour quelques verbes intransitifs qui dans la liste alphabétique sont suivis du signe ◊ : *J'ai acheté un livre;* mais : *Je* **suis** *venu en toute hâte.*

VERBE **ÊTRE** **2**

INDICATIF

Présent		Passé composé		
je	suis	j'	ai	été
tu	es	tu	as	été
il	est	il	a	été
nous	sommes	n.	avons	été
vous	êtes	v.	avez	été
ils	sont	ils	ont	été

Imparfait		Plus-que-parfait		
j'	étais	j'	avais	été
tu	étais	tu	avais	été
il	était	il	avait	été
nous	étions	n.	avions	été
vous	étiez	v.	aviez	été
ils	étaient	ils	avaient	été

Passé simple		Passé antérieur		
je	fus	j'	eus	été
tu	fus	tu	eus	été
il	fut	il	eut	été
nous	fûmes	n.	eûmes	été
vous	fûtes	v.	eûtes	été
ils	furent	ils	eurent	été

Futur simple		Futur antérieur		
je	serai	j'	aurai	été
tu	seras	tu	auras	été
il	sera	il	aura	été
nous	serons	n.	aurons	été
vous	serez	v.	aurez	été
ils	seront	ils	auront	été

SUBJONCTIF

Présent		Passé		
que je	sois	que j'	aie	été
que tu	sois	que tu	aies	été
qu'il	soit	qu'il	ait	été
que n.	soyons	que n.	ayons	été
que v.	soyez	que v.	ayez	été
qu'ils	soient	qu'ils	aient	été

Imparfait		Plus-que-parfait		
que je	fusse	que j'	eusse	été
que tu	fusses	que tu	eusses	été
qu'il	fût	qu'il	eût	été
que n.	fussions	que n.	eussions	été
que v.	fussiez	que v.	eussiez	été
qu'ils	fussent	qu'ils	eussent	été

IMPERATIF

Présent	Passé	
sois	aie	été
soyons	ayons	été
soyez	ayez	été

CONDITIONNEL

Présent		Passé 1re forme		
je	serais	j'	aurais	été
tu	serais	tu	aurais	été
il	serait	il	aurait	été
n.	serions	n.	aurions	été
v.	seriez	v.	auriez	été
ils	seraient	ils	auraient	été

Passé 2e forme

j'	eusse	été
tu	eusses	été
il	eût	été
n.	eussions	été
v.	eussiez	été
ils	eussent	été

INFINITIF

Présent	Passé
être	avoir été

PARTICIPE

Présent	Passé
étant	été
	ayant été

Être sert d'auxiliaire : 1. à tous les verbes passifs; 2. à tous les verbes pronominaux; 3. à quelques verbes intransitifs qui dans la liste alphabétique sont suivis du signe ♦. Certains verbes se conjuguent tantôt avec **être,** tantôt avec **avoir** : ils sont affectés du signe ◊. Le participe **été** est toujours invariable.

3

ÊTRE AIMÉ conjugaison type de la forme passive

INDICATIF

Présent

je	suis	aimé
tu	es	aimé
il	est	aimé
n.	sommes	aimés
v.	êtes	aimés
ils	sont	aimés

Passé composé

j'	ai	été aimé
tu	as	été aimé
il	a	été aimé
n.	avons	été aimés
v.	avez	été aimés
ils	ont	été aimés

Imparfait

j'	étais	aimé
tu	étais	aimé
il	était	aimé
n.	étions	aimés
v.	étiez	aimés
ils	étaient	aimés

Plus-que-parfait

j'	avais	été aimé
tu	avais	été aimé
il	avait	été aimé
n.	avions	été aimés
v.	aviez	été aimés
ils	avaient	été aimés

Passé simple

je	fus	aimé
tu	fus	aimé
il	fut	aimé
n.	fûmes	aimés
v.	fûtes	aimés
ils	furent	aimés

Passé antérieur

j'	eus	été aimé
tu	eus	été aimé
il	eut	été aimé
n.	eûmes	été aimés
v.	eûtes	été aimés
ils	eurent	été aimés

Futur simple

je	serai	aimé
tu	seras	aimé
il	sera	aimé
n.	serons	aimés
v.	serez	aimés
ils	seront	aimés

Futur antérieur

j'	aurai	été aimé
tu	auras	été aimé
il	aura	été aimé
n.	aurons	été aimés
v.	aurez	été aimés
ils	auront	été aimés

SUBJONCTIF

Présent

que je	sois	aimé
que tu	sois	aimé
qu'il	soit	aimé
que n.	soyons	aimés
que v.	soyez	aimés
qu'ils	soient	aimés

Passé

que j'	aie	été aimé
que tu	aies	été aimé
qu'il	ait	été aimé
que n.	ayons	été aimés
que v.	ayez	été aimés
qu'ils	aient	été aimés

Imparfait

que je	fusse	aimé
que tu	fusses	aimé
qu'il	fût	aimé
que n.	fussions	aimés
que v.	fussiez	aimés
qu'ils	fussent	aimés

Plus-que-parfait

que j'	eusse	été aimé
que tu	eusses	été aimé
qu'il	eût	été aimé
que n.	eussions	été aimés
que v.	eussiez	été aimés
qu'ils	eussent	été aimés

IMPERATIF

Présent

sois	aimé
soyons	aimés
soyez	aimés

Passé

inusité

CONDITIONNEL

Présent

je	serais	aimé
tu	serais	aimé
il	serait	aimé
n.	serions	aimés
v.	seriez	aimés
ils	seraient	aimés

Passé 1re forme

j'	aurais	été aimé
tu	aurais	été aimé
il	aurait	été aimé
n.	aurions	été aimés
v.	auriez	été aimés
ils	auraient	été aimés

Passé 2e forme

j'	eusse	été aimé
tu	eusses	été aimé
il	eût	été aimé
n.	eussions	été aimés
v.	eussiez	été aimés
ils	eussent	été aimés

INFINITIF

Présent	Passé
être aimé	avoir été aimé

PARTICIPE

Présent	Passé
étant aimé	aimé, ée
	ayant été aimé

Le participe passé du verbe à la forme passive s'accorde toujours avec le sujet : *Elle est aimée.*

conjugaison type de la forme pronominale[1] **SE MÉFIER**

4

INDICATIF

Présent

	Passé composé	
je me méfie	je me suis	méfié
tu te méfies	tu t' es	méfié
il se méfie	il s' est	méfié
n. n. méfions	n. n. sommes	méfiés
v. v. méfiez	v. v. êtes	méfiés
ils se méfient	ils se sont	méfiés

Imparfait

	Plus-que-parfait	
je me méfiais	je m' étais	méfié
tu te méfiais	tu t' étais	méfié
il se méfiait	il s' était	méfié
n. n. méfiions	n. n. étions	méfiés
v. v. méfiiez	v. v. étiez	méfiés
ils se méfiaient	ils s' étaient	méfiés

Passé simple

	Passé antérieur	
je me méfiai	je me fus	méfié
tu te méfias	tu te fus	méfié
il se méfia	il se fut	méfié
n. n. méfiâmes	n. n. fûmes	méfiés
v. v. méfiâtes	v. v. fûtes	méfiés
ils se méfièrent	ils se furent	méfiés

Futur simple

	Futur antérieur	
je me méfierai	je me serai	méfié
tu te méfieras	tu te seras	méfié
il se méfiera	il se sera	méfié
n. n. méfierons	n. n. serons	méfiés
v. v. méfierez	v. v. serez	méfiés
ils se méfieront	ils se seront	méfiés

INFINITIF

Présent | Passé

se méfier | s'être méfié

PARTICIPE

Présent | Passé

se méfiant | s'étant méfié

SUBJONCTIF

Présent

	Passé	
que je me méfie	que je me sois	méfié
que tu te méfies	que tu te sois	méfié
qu'il se méfie	qu'il se soit	méfié
que n. n. méfiions	que n. n. soyons	méfiés
que v. v. méfiiez	que v. v. soyez	méfiés
qu'ils se méfient	qu'ils se soient	méfiés

Imparfait

	Plus-que-parfait	
que je me méfiasse	que je me fusse	méfié
que tu te méfiasses	que tu te fusses	méfié
qu'il se méfiât	qu'il se fût	méfié
que n. n. méfiassions	que n. n. fussions	méfiés
que v. v. méfiassiez	que v. v. fussiez	méfiés
qu'ils se méfiassent	qu'ils se fussent	méfiés

IMPERATIF

Présent

méfie-toi
méfions-nous
méfiez-vous

Passé

inusité

CONDITIONNEL

Présent

	Passé 1re forme	
je me méfierais	je me serais	méfié
tu te méfierais	tu te serais	méfié
il se méfierait	il se serait	méfié
n. n. méfierions	n. n. serions	méfiés
v. v. méfieriez	v. v. seriez	méfiés
ils se méfieraient	ils se seraient	méfiés

Passé 2e forme

je me fusse	méfié
tu te fusses	méfié
il se fût	méfié
n. n. fussions	méfiés
v. v. fussiez	méfiés
ils se fussent	méfiés

---

1. Dans les emplois notés P dans le dictionnaire (p. 121), le participe passé s'accorde. Dans les emplois notés P, le participe passé est invariable **(ils se sont nui).** Les verbes réciproques ne s'emploient qu'au pluriel *(ils s'entre-tuèrent au lieu de s'entraider).*

5 LES TERMINAISONS DES TROIS GROUPES DE VERBES

INDICATIF Présent

1er GROUPE ■	2e GROUPE ■■	3e GROUPE ■■■	
e[1]	is	s (x)[3]	e[5]
es	is	s (x)[3]	es[5]
e	it	t (d)[4]	e[5]
ons	issons	ons	ons
ez	issez	ez	ez
ent	issent	ent (nt)[2]	ent

Imparfait

1er GROUPE	2e GROUPE	3e GROUPE	
ais	issais	ais	
ais	issais	ais	
ait	issait	ait	
ions	issions	ions	
iez	issiez	iez	
aient	issaient	aient	

Passé simple

1er GROUPE	2e GROUPE	3e GROUPE	
ai	is	is[7]	us[7]
as	is	is	us
a	it	it	ut
âmes	îmes	îmes	ûmes
âtes	îtes	îtes	ûtes
èrent	irent	irent	urent

Futur simple

1er GROUPE	2e GROUPE	3e GROUPE	
erai	irai		rai
eras	iras		ras
era	ira		ra
erons	irons		rons
erez	irez		rez
eront	iront		ront

SUBJONCTIF Présent

1er GROUPE ■	2e GROUPE ■■	3e GROUPE ■■■
e	isse	e
es	isses	es
e	isse	e
ions	issions	ions
iez	issiez	iez
ent	issent	ent

Imparfait[6]

1er GROUPE	2e GROUPE	3e GROUPE	
asse	isse[7]	isse[7]	usse[7]
asses	isses	isses	usses
ât	ît	ît	ût
assions	issions	issions	ussions
assiez	issiez	issiez	ussiez
assent	issent	issent	ussent

IMPERATIF Présent

1er GROUPE	2e GROUPE	3e GROUPE	
e	is	s	e[5]
ons	issons	ons	ons
ez	issez	ez	ez

CONDITIONNEL Présent

1er GROUPE	2e GROUPE	3e GROUPE	
erais	irais		rais
erais	irais		rais
erait	irait		rait
erions	irions		rions
eriez	iriez		riez
eraient	iraient		raient

MODES IMPERSONNELS

INFINITIF Présent

1er GROUPE	2e GROUPE	3e GROUPE
er	ir	ir; oir; re

PARTICIPE Présent[8]

1er GROUPE	2e GROUPE	3e GROUPE
ant	issant	ant

Passé

1er GROUPE	2e GROUPE	3e GROUPE
é	i	i (is, it) ; u (us) ; t ; s

1. Forme interrogative : devant **je** inversé, **e** final s'écrit **é** et se prononce **è** ouvert : *aimé-je? acheté-je?*
2. Ont la finale **-ont** : *ils sont, ils ont, ils font, ils vont.*
3. Seulement dans *je peux, tu peux ; je veux, tu veux ; je vaux, tu vaux.*
4. Ont la finale **d :** les verbes en **dre** (sauf ceux en **...indre** et **soudre,** qui prennent un **t**).
5. Ainsi *assaillir, couvrir, cueillir, défaillir, offrir, ouvrir, souffrir, tressaillir,* et, à l'impératif seulement, *avoir, savoir, vouloir (aie, sache, veuille).*
6. Remarquons que pour tous les verbes français ce temps est formé à partir de la 2ᵉ personne du passé simple de l'indicatif.
7. Sauf *je vins,* etc., *je tins,* etc., *que je vinsse,* etc., *que je tinsse,* etc. ; et leurs composés.
8. Les verbes «météorologiques» (*neiger, pleuvoir,* etc.) ne tolèrent de participe présent que dans le sens figuré.

INDICATIF

Présent		Passé composé		
j'	aime	j'	ai	aimé
tu	aimes	tu	as	aimé
il	aime	il	a	aimé
nous	aimons	n.	avons	aimé
vous	aimez	v.	avez	aimé
ils	aiment	ils	ont	aimé

Imparfait		Plus-que-parfait		
j'	aimais	j'	avais	aimé
tu	aimais	tu	avais	aimé
il	aimait	il	avait	aimé
nous	aimions	n.	avions	aimé
vous	aimiez	v.	aviez	aimé
ils	aimaient	ils	avaient	aimé

Passé simple		Passé antérieur		
j'	aimai	j'	eus	aimé
tu	aimas	tu	eus	aimé
il	aima	il	eut	aimé
nous	aimâmes	n.	eûmes	aimé
vous	aimâtes	v.	eûtes	aimé
ils	aimèrent	ils	eurent	aimé

Futur simple		Futur antérieur		
j'	aimerai	j'	aurai	aimé
tu	aimeras	tu	auras	aimé
il	aimera	il	aura	aimé
nous	aimerons	n.	aurons	aimé
vous	aimerez	v.	aurez	aimé
ils	aimeront	ils	auront	aimé

SUBJONCTIF

Présent		Passé		
que j'	aime	que j'	aie	aimé
que tu	aimes	que tu	aies	aimé
qu'il	aime	qu'il	ait	aimé
que n.	aimions	que n.	ayons	aimé
que v.	aimiez	que v.	ayez	aimé
qu'ils	aiment	qu'ils	aient	aimé

Imparfait		Plus-que-parfait		
que j'	aimasse	que j'	eusse	aimé
que tu	aimasses	que tu	eusses	aimé
qu'il	aimât	qu'il	eût	aimé
que n.	aimassions	que n.	eussions	aimé
que v.	aimassiez	que v.	eussiez	aimé
qu'ils	aimassent	qu'ils	eussent	aimé

IMPERATIF

Présent	Passé	
aime	aie	aimé
aimons	ayons	aimé
aimez	ayez	aimé

CONDITIONNEL

Présent		Passé 1re forme		
j'	aimerais	j'	aurais	aimé
tu	aimerais	tu	aurais	aimé
il	aimerait	il	aurait	aimé
n.	aimerions	n.	aurions	aimé
v.	aimeriez	v.	auriez	aimé
ils	aimeraient	ils	auraient	aimé

Passé 2e forme		
j'	eusse	aimé
tu	eusses	aimé
il	eût	aimé
n.	eussions	aimé
v.	eussiez	aimé
ils	eussent	aimé

INFINITIF

Présent	Passé
aimer	avoir aimé

PARTICIPE

Présent	Passé
aimant	aimé, ée
	ayant aimé

1. Pour les verbes qui, à la forme active, forment leurs temps composés avec l'auxiliaire **être,** voir la conjugaison du verbe **aller** (tableau 22) ou celle du verbe **mourir** (tableau 34).

7 VERBES EN -CER : PLACER

■ INDICATIF

		Passé composé		
je	place	j'	ai	placé
tu	places	tu	as	placé
il	place	il	a	placé
nous	plaçons	n.	avons	placé
vous	placez	v.	avez	placé
ils	placent	ils	ont	placé

Imparfait		Plus-que-parfait		
je	plaçais	j'	avais	placé
tu	plaçais	tu	avais	placé
il	plaçait	il	avait	placé
nous	placions	n.	avions	placé
vous	placiez	v.	aviez	placé
ils	plaçaient	ils	avaient	placé

Passé simple		Passé antérieur		
je	plaçai	j'	eus	placé
tu	plaças	tu	eus	placé
il	plaça	il	eut	placé
nous	plaçâmes	n.	eûmes	placé
vous	plaçâtes	v.	eûtes	placé
ils	placèrent	ils	eurent	placé

Futur simple		Futur antérieur		
je	placerai	j'	aurai	placé
tu	placeras	tu	auras	placé
il	placera	il	aura	placé
nous	placerons	n.	aurons	placé
vous	placerez	v.	aurez	placé
ils	placeront	ils	auront	placé

SUBJONCTIF

	Présent		Passé	
que je	place	que j'	aie	placé
que tu	places	que tu	aies	placé
qu'il	place	qu'il	ait	placé
que n.	placions	que n.	ayons	placé
que v.	placiez	que v.	ayez	placé
qu'ils	placent	qu'ils	aient	placé

Imparfait		Plus-que-parfait		
que je	plaçasse	que j'	eusse	placé
que tu	plaçasses	que tu	eusses	placé
qu'il	plaçât	qu'il	eût	placé
que n.	plaçassions	que n.	eussions	placé
que v.	plaçassiez	que v.	eussiez	placé
qu'ils	plaçassent	qu'ils	eussent	placé

IMPERATIF

Présent	Passé	
place	aie	placé
plaçons	ayons	placé
placez	ayez	placé

CONDITIONNEL

	Présent	Passé 1re forme		
je	placerais	j'	aurais	placé
tu	placerais	tu	aurais	placé
il	placerait	il	aurait	placé
n.	placerions	n.	aurions	placé
v.	placeriez	v.	auriez	placé
ils	placeraient	ils	auraient	placé

INFINITIF

Présent	Passé
placer	avoir placé

PARTICIPE

Présent	Passé
plaçant	placé, ée
	ayant placé

Passé 2e forme

j'	eusse	placé
tu	eusses	placé
il	eût	placé
n.	eussions	placé
v.	eussiez	placé
ils	eussent	placé

Les verbes en **-cer** prennent une **cédille** sous le **c** devant les voyelles **a** et **o** : *Commençons,
tu commenças,* pour conserver au **c** le son doux.
Nota : Pour les verbes en **-écer,** voir aussi 10.

INDICATIF

Présent		*Passé composé*	
je	mange	j' ai	mangé
tu	manges	tu as	mangé
il	mange	il a	mangé
nous	mangeons	n. avons	mangé
vous	mangez	v. avez	mangé
ils	mangent	ils ont	mangé

Imparfait		*Plus-que-parfait*	
je	mangeais	j' avais	mangé
tu	mangeais	tu avais	mangé
il	mangeait	il avait	mangé
nous	mangions	n. avions	mangé
vous	mangiez	v. aviez	mangé
ils	mangeaient	ils avaient	mangé

Passé simple		*Passé antérieur*	
je	mangeai	j' eus	mangé
tu	mangeas	tu eus	mangé
il	mangea	il eut	mangé
nous	mangeâmes	n. eûmes	mangé
vous	mangeâtes	v. eûtes	mangé
ils	mangèrent	ils eurent	mangé

Futur simple		*Futur antérieur*	
je	mangerai	j' aurai	mangé
tu	mangeras	tu auras	mangé
il	mangera	il aura	mangé
nous	mangerons	n. aurons	mangé
vous	mangerez	v. aurez	mangé
ils	mangeront	ils auront	mangé

SUBJONCTIF

Présent		*Passé*	
que je	mange	que j' aie	mangé
que tu	manges	que tu aies	mangé
qu'il	mange	qu'il ait	mangé
que n.	mangions	que n. ayons	mangé
que v.	mangiez	que v. ayez	mangé
qu'ils	mangent	qu'ils aient	mangé

Imparfait		*Plus-que-parfait*	
que je	mangeasse	que j' eusse	mangé
que tu	mangeasses	que tu eusses	mangé
qu'il	mangeât	qu'il eût	mangé
que n.	mangeassions	que n. eussions	mangé
que v.	mangeassiez	que v. eussiez	mangé
qu'ils	mangeassent	qu'ils eussent	mangé

IMPERATIF

Présent	*Passé*	
mange	aie	mangé
mangeons	ayons	mangé
mangez	ayez	mangé

CONDITIONNEL

Présent		*Passé 1re forme*	
je	mangerais	j' aurais	mangé
tu	mangerais	tu aurais	mangé
il	mangerait	il aurait	mangé
n.	mangerions	n. aurions	mangé
v.	mangeriez	v. auriez	mangé
ils	mangeraient	ils auraient	mangé

INFINITIF

Présent	*Passé*
manger	avoir mangé

PARTICIPE

Présent	*Passé*
mangeant	mangé, ée
	ayant mangé

Passé 2e forme

j'	eusse	mangé
tu	eusses	mangé
il	eût	mangé
n.	eussions	mangé
v.	eussiez	mangé
ils	eussent	mangé

Les verbes en-**ger** conservent l'**e** après le **g** devant les voyelles **a** et **o** : *Nous jugeons, tu jugeas,* pour maintenir partout le son du **g** doux. (Bien entendu, les verbes en -**guer** conservent le **u** à toutes les formes.)

9

VERBES EN E(.)ER : PESER
Verbes ayant un **e muet** (e) à l'avant-dernière syllabe de l'infinitif

■ INDICATIF

Présent		Passé composé		
je	pèse	j'	ai	pesé
tu	pèses	tu	as	pesé
il	pèse	il	a	pesé
nous	pesons	n.	avons	pesé
vous	pesez	v.	avez	pesé
ils	pèsent	ils	ont	pesé

Imparfait		Plus-que-parfait		
je	pesais	j'	avais	pesé
tu	pesais	tu	avais	pesé
il	pesait	il	avait	pesé
nous	pesions	n.	avions	pesé
vous	pesiez	v.	aviez	pesé
ils	pesaient	ils	avaient	pesé

Passé simple		Passé antérieur		
je	pesai	j'	eus	pesé
tu	pesas	tu	eus	pesé
il	pesa	il	eut	pesé
nous	pesâmes	n.	eûmes	pesé
vous	pesâtes	v.	eûtes	pesé
ils	pesèrent	ils	eurent	pesé

Futur simple		Futur antérieur		
je	pèserai	j'	aurai	pesé
tu	pèseras	tu	auras	pesé
il	pèsera	il	aura	pesé
nous	pèserons	n.	aurons	pesé
vous	pèserez	v.	aurez	pesé
ils	pèseront	ils	auront	pesé

SUBJONCTIF

Présent		Passé		
que je	pèse	que j'	aie	pesé
que tu	pèses	que tu	aies	pesé
qu'il	pèse	qu'il	ait	pesé
que n.	pesions	que n.	ayons	pesé
que v.	pesiez	que v.	ayez	pesé
qu'ils	pèsent	qu'ils	aient	pesé

Imparfait		Plus-que-parfait		
que je	pesasse	que j'	eusse	pesé
que tu	pesasses	que tu	eusses	pesé
qu'il	pesât	qu'il	eût	pesé
que n.	pesassions	que n.	eussions	pesé
que v.	pesassiez	que v.	eussiez	pesé
qu'ils	pesassent	qu'ils	eussent	pesé

IMPERATIF

Présent	Passé	
pèse	aie	pesé
pesons	ayons	pesé
pesez	ayez	pesé

CONDITIONNEL

Présent		Passé 1re forme		
je	pèserais	j'	aurais	pesé
tu	pèserais	tu	aurais	pesé
il	pèserait	il	aurait	pesé
n.	pèserions	n.	aurions	pesé
v.	pèseriez	v.	auriez	pesé
ils	pèseraient	ils	auraient	pesé

INFINITIF

Présent	Passé
peser	avoir pesé

PARTICIPE

Présent	Passé
pesant	pesé, ée
	ayant pesé

Passé 2e forme		
j'	eusse	pesé
tu	eusses	pesé
il	eût	pesé
n.	eussions	pesé
v.	eussiez	pesé
ils	eussent	pesé

Verbes en **-ecer, -emer, -ener, -eper, -erer, -ever, -evrer.**
Ces verbes qui ont un **e muet** à l'avant-dernière syllabe de l'infinitif, comme **lever,** changent l'**e muet** en **è ouvert** devant une syllabe muette, y compris devant les terminaisons *erai..., erais...,* du futur et du conditionnel : *Je lève, je lèverai, je lèverais.*
Nota. Pour les verbes en **-eler, -eter,** voir 11 et 12.

INDICATIF

Présent		**Passé composé**		
je	cède	j'	ai	cédé
tu	cèdes	tu	as	cédé
il	cède	il	a	cédé
nous	cédons	n.	avons	cédé
vous	cédez	v.	avez	cédé
ils	cèdent	ils	ont	cédé

Imparfait		**Plus-que-parfait**		
je	cédais	j'	avais	cédé
tu	cédais	tu	avais	cédé
il	cédait	il	avait	cédé
nous	cédions	n.	avions	cédé
vous	cédiez	v.	aviez	cédé
ils	cédaient	ils	avaient	cédé

Passé simple		**Passé antérieur**		
je	cédai	j'	eus	cédé
tu	cédas	tu	eus	cédé
il	céda	il	eut	cédé
nous	cédâmes	n.	eûmes	cédé
vous	cédâtes	v.	eûtes	cédé
ils	cédèrent	ils	eurent	cédé

Futur simple		**Futur antérieur**		
je	céderai	j'	aurai	cédé
tu	céderas	tu	auras	cédé
il	cédera	il	aura	cédé
nous	céderons	n.	aurons	cédé
vous	céderez	v.	aurez	cédé
ils	céderont	ils	auront	cédé

SUBJONCTIF

Présent		**Passé**		
que je	cède	que j'	aie	cédé
que tu	cèdes	que tu	aies	cédé
qu'il	cède	qu'il	ait	cédé
que n.	cédions	que n.	ayons	cédé
que v.	cédiez	que v.	ayez	cédé
qu'ils	cèdent	qu'ils	aient	cédé

Imparfait		**Plus-que-parfait**		
que je	cédasse	que j'	eusse	cédé
que tu	cédasses	que tu	eusses	cédé
qu'il	cédât	qu'il	eût	cédé
que n.	cédassions	que n.	eussions	cédé
que v.	cédassiez	que v.	eussiez	cédé
qu'ils	cédassent	qu'ils	eussent	cédé

IMPERATIF

Présent	**Passé**	
cède	aie	cédé
cédons	ayons	cédé
cédez	ayez	cédé

CONDITIONNEL

Présent		**Passé 1re forme**		
je	céderais	j'	aurais	cédé
tu	céderais	tu	aurais	cédé
il	céderait	il	aurait	cédé
n.	céderions	n.	aurions	cédé
v.	céderiez	v.	auriez	cédé
ils	céderaient	ils	auraient	cédé

Passé 2e forme		
j'	eusse	cédé
tu	eusses	cédé
il	eût	cédé
n.	eussions	cédé
v.	eussiez	cédé
ils	eussent	cédé

INFINITIF

Présent	**Passé**
céder	avoir cédé

PARTICIPE

Présent	**Passé**
cédant	cédé, ée
	ayant cédé

Verbes en **-ébrer, -écer, -écher, -écrer, -éder, -égler, -égner, -égrer, -éguer, -éler, -émer, -éner, -éper, -équer, -érer, -éser, -éter, -étrer, évrer, éyer,** etc. Ces verbes qui ont un **é** fermé à l'avant-dernière syllabe de l'infinitif changent l'**é fermé** en **è ouvert** devant une syllabe muette finale : *Je cède.*
Au futur et au conditionnel, ces verbes conservent l'**é fermé** : *Je céderai, tu céderais,* malgré la tendance à prononcer cet **é** de plus en plus ouvert.
Avérer signifiant *reconnaître pour vrai, vérifier,* ne s'emploie guère qu'à l'infinitif et au participe passé : *le fait est avéré.* La forme pronominale **s'avérer** se conjugue complètement, mais on constate un glissement de sens de *se révéler vrai* à *se révéler* qui s'impose de plus en plus : *La résistance s'avéra inutile.*

VERBES EN -ELER OU -ETER : JETER
1. Verbes doublant l ou t devant e muet

■

INDICATIF			

Présent		*Passé composé*	
je	jette	j' ai	jeté
tu	jettes	tu as	jeté
il	jette	il a	jeté
nous	jetons	n. avons	jeté
vous	jetez	v. avez	jeté
ils	jettent	ils ont	jeté

Imparfait		*Plus-que-parfait*	
je	jetais	j' avais	jeté
tu	jetais	tu avais	jeté
il	jetait	il avait	jeté
nous	jetions	n. avions	jeté
vous	jetiez	v. aviez	jeté
ils	jetaient	ils avaient	jeté

Passé simple		*Passé antérieur*	
je	jetai	j' eus	jeté
tu	jetas	tu eus	jeté
il	jeta	il eut	jeté
nous	jetâmes	n. eûmes	jeté
vous	jetâtes	v. eûtes	jeté
ils	jetèrent	ils eurent	jeté

Futur simple		*Futur antérieur*	
je	jetterai	j' aurai	jeté
tu	jetteras	tu auras	jeté
il	jettera	il aura	jeté
nous	jetterons	n. aurons	jeté
vous	jetterez	v. aurez	jeté
ils	jetteront	ils auront	jeté

SUBJONCTIF			

Présent		*Passé*	
que je	jette	que j'	aie	jeté
que tu	jettes	que tu	aies	jeté
qu'il	jette	qu'il	ait	jeté
que n.	jetions	que n.	ayons	jeté
que v.	jetiez	que v.	ayez	jeté
qu'ils	jettent	qu'ils	aient	jeté

Imparfait		*Plus-que-parfait*	
que je	jetasse	que j'	eusse	jeté
que tu	jetasses	que tu	eusses	jeté
qu'il	jetât	qu'il	eût	jeté
que n.	jetassions	que n.	eussions	jeté
que v.	jetassiez	que v.	eussiez	jeté
qu'ils	jetassent	qu'ils	eussent	jeté

IMPERATIF			

Présent	*Passé*	
jette	aie	jeté
jetons	ayons	jeté
jetez	ayez	jeté

CONDITIONNEL			

Présent		*Passé 1re forme*	
je	jetterais	j'	aurais	jeté
tu	jetterais	tu	aurais	jeté
il	jetterait	il	aurait	jeté
n.	jetterions	n.	aurions	jeté
v.	jetteriez	v.	auriez	jeté
ils	jetteraient	ils	auraient	jeté

INFINITIF		PARTICIPE		

Présent	*Passé*	*Présent*	*Passé*
jeter	avoir jeté	jetant	jeté, ée
			ayant jeté

Passé 2e forme		
j'	eusse	jeté
tu	eusses	jeté
il	eût	jeté
n.	eussions	jeté
v.	eussiez	jeté
ils	eussent	jeté

En règle générale, les verbes en **-eler** ou en **-eter** doublent la consonne **l** ou **t** devant un **e muet** : *Je jette, j'appelle.* Un petit nombre ne doublent pas devant l'**e muet** la consonne **l** ou **t**, mais prennent un accent grave sur le **e** qui précède le **l** ou le **t** : *J'achète, je modèle* (v. en bas de la page suivante la liste de ces exceptions).

■

INDICATIF

Présent

je	modèle
tu	modèles
il	modèle
nous	modelons
vous	modelez
ils	modèlent

Passé composé

j'	ai	modelé
tu	as	modelé
il	a	modelé
n.	avons	modelé
v.	avez	modelé
ils	ont	modelé

Imparfait

je	modelais
tu	modelais
il	modelait
nous	modelions
vous	modeliez
ils	modelaient

Plus-que-parfait

j'	avais	modelé
tu	avais	modelé
il	avait	modelé
n.	avions	modelé
v.	aviez	modelé
ils	avaient	modelé

Passé simple

je	modelai
tu	modelas
il	modela
nous	modelâmes
vous	modelâtes
ils	modelèrent

Passé antérieur

j'	eus	modelé
tu	eus	modelé
il	eut	modelé
n.	eûmes	modelé
v.	eûtes	modelé
ils	eurent	modelé

Futur simple

je	modèlerai
tu	modèleras
il	modèlera
nous	modèlerons
vous	modèlerez
ils	modèleront

Futur antérieur

j'	aurai	modelé
tu	auras	modelé
il	aura	modelé
n.	aurons	modelé
v.	aurez	modelé
ils	auront	modelé

SUBJONCTIF

Présent

que je	modèle
que tu	modèles
qu'il	modèle
que n.	modelions
que v.	modeliez
qu'ils	modèlent

Passé

que j'	aie	modelé
que tu	aies	modelé
qu'il	ait	modelé
que n.	ayons	modelé
que v.	ayez	modelé
qu'ils	aient	modelé

Imparfait

que je	modelasse
que tu	modelasses
qu'il	modelât
que n.	modelassions
que v.	modelassiez
qu'ils	modelassent

Plus-que-parfait

que j'	eusse	modelé
que tu	eusses	modelé
qu'il	eût	modelé
que n.	eussions	modelé
que v.	eussiez	modelé
qu'ils	eussent	modelé

IMPERATIF

Présent

modèle
modelons
modelez

Passé

aie	modelé
ayons	modelé
ayez	modelé

CONDITIONNEL

Présent

je	modèlerais
tu	modèlerais
il	modèlerait
n.	modèlerions
v.	modèleriez
ils	modèleraient

Passé 1re forme

j'	aurais	modelé
tu	aurais	modelé
il	aurait	modelé
n.	aurions	modelé
v.	auriez	modelé
ils	auraient	modelé

INFINITIF

Présent

modeler

Passé

avoir modelé

PARTICIPE

Présent

modelant

Passé

modelé, ée
ayant modelé

Passé 2e forme

j'	eusse	modelé
tu	eusses	modelé
il	eût	modelé
n.	eussions	modelé
v.	eussiez	modelé
ils	eussent	modelé

Quelques verbes ne doublent pas le **l** ou le **t** devant un **e muet :**
1. Verbes en **-eler** se conjuguant comme **je modèle :** *celer (déceler, receler), ciseler, démanteler, écarteler, s'encasteler, geler (dégeler, congeler, surgeler), marteler, peler.*
2. Verbes en **-eter** se conjuguant comme **j'achète :** *racheter, bégueter, corseter, crocheter, fileter, fureter, haleter.*

13 VERBES EN -ÉER : CRÉER

INDICATIF

Présent

je	crée
tu	crées
il	crée
nous	créons
vous	créez
ils	créent

Passé composé

j'	ai	créé
tu	as	créé
il	a	créé
n.	avons	créé
v.	avez	créé
ils	ont	créé

Imparfait

je	créais
tu	créais
il	créait
nous	créions
vous	créiez
ils	créaient

Plus-que-parfait

j'	avais	créé
tu	avais	créé
il	avait	créé
n.	avions	créé
v.	aviez	créé
ils	avaient	créé

Passé simple

je	créai
tu	créas
il	créa
nous	créâmes
vous	créâtes
ils	créèrent

Passé antérieur

j'	eus	créé
tu	eus	créé
il	eut	créé
n.	eûmes	créé
v.	eûtes	créé
ils	eurent	créé

Futur simple

je	créerai
tu	créeras
il	créera
nous	créerons
vous	créerez
ils	créeront

Futur antérieur

j'	aurai	créé
tu	auras	créé
il	aura	créé
n.	aurons	créé
v.	aurez	créé
ils	auront	créé

SUBJONCTIF

Présent

que je	crée
que tu	crées
qu'il	crée
que n.	créions
que v.	créiez
qu'ils	créent

Passé

que j'	aie	créé
que tu	aies	créé
qu'il	ait	créé
que n.	ayons	créé
que v.	ayez	créé
qu'ils	aient	créé

Imparfait

que je	créasse
que tu	créasses
qu'il	créât
que n.	créassions
que v.	créassiez
qu'ils	créassent

Plus-que-parfait

que j'	eusse	créé
que tu	eusses	créé
qu'il	eût	créé
que n.	eussions	créé
que v.	eussiez	créé
qu'ils	eussent	créé

IMPERATIF

Présent

crée
créons
créez

Passé

aie	créé
ayons	créé
ayez	créé

CONDITIONNEL

Présent

je	créerais
tu	créerais
il	créerait
n.	créerions
v.	créeriez
ils	créeraient

Passé 1re forme

j'	aurais	créé
tu	aurais	créé
il	aurait	créé
n.	aurions	créé
v.	auriez	créé
ils	auraient	créé

Passé 2e forme

j'	eusse	créé
tu	eusses	créé
il	eût	créé
n.	eussions	créé
v.	eussiez	créé
ils	eussent	créé

INFINITIF

Présent
créer

Passé
avoir créé

PARTICIPE

Présent
créant

Passé
créé, ée
ayant créé

Ces verbes n'offrent d'autre particularité que la présence très régulière de deux **e** à certaines personnes de l'indicatif présent, du passé simple, du futur, du conditionnel présent, de l'impératif, du subjonctif présent, au participe passé masculin, et celle de trois **e** au participe passé féminin : *créée*.
Dans les verbes en **-éer,** l'**é** reste toujours fermé : *Je crée, tu crées...*
Noter la forme adjectivale du participe passé dans «bouche **bée**».

INDICATIF

Présent | Passé composé

Présent		Passé composé	
j'	assiège	j' ai	assiégé
tu	assièges	tu as	assiégé
il	assiège	il a	assiégé
nous	assiégeons	n. avons	assiégé
vous	assiégez	v. avez	assiégé
ils	assiègent	ils ont	assiégé

Imparfait | Plus-que-parfait

Imparfait		Plus-que-parfait	
i'	assiégeais	j' avais	assiégé
tu	assiégeais	tu avais	assiégé
il	assiégeait	il avait	assiégé
nous	assiégions	n. avions	assiégé
vous	assiégiez	v. aviez	assiégé
ils	assiégeaient	ils avaient	assiégé

Passé simple | Passé antérieur

Passé simple		Passé antérieur	
i'	assiégeai	j' eus	assiégé
tu	assiégeas	tu eus	assiégé
il	assiégea	il eut	assiégé
nous	assiégeâmes	n. eûmes	assiégé
vous	assiégeâtes	v. eûtes	assiégé
ils	assiégèrent	ils eurent	assiégé

Futur simple | Futur antérieur

Futur simple		Futur antérieur	
j'	assiégerai	j' aurai	assiégé
tu	assiégeras	tu auras	assiégé
il	assiégera	il aura	assiégé
nous	assiégerons	n. aurons	assiégé
vous	assiégerez	v. aurez	assiégé
ils	assiégeront	ils auront	assiégé

SUBJONCTIF

Présent | Passé

Présent		Passé	
que j'	assiège	que j' aie	assiégé
que tu	assièges	que tu aies	assiégé
qu'il	assiège	qu'il ait	assiégé
que n.	assiégions	que n. ayons	assiégé
que v.	assiégiez	que v. ayez	assiégé
qu'ils	assiègent	qu'ils aient	assiégé

Imparfait | Plus-que-parfait

Imparfait		Plus-que-parfait	
que j'	assiégeasse	que j' eusse	assiégé
que tu	assiégeasses	que tu eusses	assiégé
qu'il	assiégeât	qu'il eût	assiégé
que n.	assiégeassions	que n. eussions	assiégé
que v.	assiégeassiez	que v. eussiez	assiégé
qu'ils	assiégeassent	qu'ils eussent	assiégé

IMPERATIF

Présent | Passé

Présent	Passé	
assiège	aie	assiégé
assiégeons	ayons	assiégé
assiégez	ayez	assiégé

CONDITIONNEL

Présent | Passé 1re forme

Présent		Passé 1re forme	
j'	assiégerais	j' aurais	assiégé
tu	assiégerais	tu aurais	assiégé
il	assiégerait	il aurait	assiégé
n.	assiégerions	n. aurions	assiégé
v.	assiégeriez	v. auriez	assiégé
ils	assiégeraient	ils auraient	assiégé

Passé 2e forme

Passé 2e forme		
j'	eusse	assiégé
tu	eusses	assiégé
il	eût	assiégé
n.	eussions	assiégé
v.	eussiez	assiégé
ils	eussent	assiégé

INFINITIF

Présent	Passé
assiéger	avoir assiégé

PARTICIPE

Présent	Passé
assiégeant	assiégé, ée
	ayant assiégé

Dans les verbes en **-éger :**
1. L'**é** du radical se change en **è** devant un **e muet** (sauf au futur et au conditionnel).
2. Pour conserver partout le son du **g** doux, on maintient l'**e** après le **g** devant les voyelles **a** et **o**.

VERBES EN **-IER : APPRÉCIER**

INDICATIF

Présent	Passé composé	
j' apprécie	j' ai	apprécié
tu apprécies	tu as	apprécié
il apprécie	il a	apprécié
n. apprécions	n. avons	apprécié
v. appréciez	v. avez	apprécié
ils apprécient	ils ont	apprécié

Imparfait	Plus-que-parfait	
j' appréciais	j' avais	apprécié
tu appréciais	tu avais	apprécié
il appréciait	il avait	apprécié
n. appréciions	n. avions	apprécié
v. appréciiez	v. aviez	apprécié
ils appréciaient	ils avaient	apprécié

Passé simple	Passé antérieur	
j' appréciai	j' eus	apprécié
tu apprécias	tu eus	apprécié
il apprécia	il eut	apprécié
n. appréciâmes	n. eûmes	apprécié
v. appréciâtes	v. eûtes	apprécié
ils apprécièrent	ils eurent	apprécié

Futur simple	Futur antérieur	
j' apprécierai	j' aurai	apprécié
tu apprécieras	tu auras	apprécié
il appréciera	il aura	apprécié
n. apprécierons	n. aurons	apprécié
v. apprécierez	v. aurez	apprécié
ils apprécieront	ils auront	apprécié

SUBJONCTIF

Présent	Passé	
que j' apprécie	que j' aie	apprécié
que tu apprécies	que tu aies	apprécié
qu'il apprécie	qu'il ait	apprécié
que n. appréciions	que n. ayons	apprécié
que v. appréciiez	que v. ayez	apprécié
qu'ils apprécient	qu'ils aient	apprécié

Imparfait	Plus-que-parfait	
que j' appréciasse	que j' eusse	apprécié
que tu appréciasses	que tu eusses	apprécié
qu'il appréciât	qu'il eût	apprécié
que n. appréciassions	que n. eussions	apprécié
que v. appréciassiez	que v. eussiez	apprécié
qu'ils appréciassent	qu'ils eussent	apprécié

IMPERATIF

Présent	Passé	
apprécie	aie	apprécié
apprécions	ayons	apprécié
appréciez	ayez	apprécié

CONDITIONNEL

Présent	Passé 1re forme	
j' apprécierais	j' aurais	apprécié
tu apprécierais	tu aurais	apprécié
il apprécierait	il aurait	apprécié
n. apprécierions	n. aurions	apprécié
v. apprécieriez	v. auriez	apprécié
ils apprécieraient	ils auraient	apprécié

Passé 2e forme		
j' eusse	apprécié
tu eusses	apprécié
il eût	apprécié
n. eussions	apprécié
v. eussiez	apprécié
ils eussent	apprécié

INFINITIF

Présent	Passé
apprécier	avoir apprécié

PARTICIPE

Présent	Passé
appréciant	apprécié, ée
	ayant apprécié

Ces verbes n'offrent d'autre particularité que les deux **i** à la 1re et à la 2e personne du pluriel de l'imparfait de l'indicatif et du présent du subjonctif : *appréciions, appréciiez*. Ces deux **i** proviennent de la rencontre de l'**i** final du radical qui se maintient dans toute la conjugaison, avec l'**i** initial de la terminaison.

INDICATIF

Présent		**Passé composé**		
je	paie	j'	ai	payé
tu	paies	tu	as	payé
il	paie	il	a	payé
nous	payons	n.	avons	payé
vous	payez	v.	avez	payé
ils	paient	ils	ont	payé

ou		**Plus-que-parfait**		
je	paye	j'	avais	payé
tu	payes	tu	avais	payé
il	paye	il	avait	payé
nous	payons	n.	avions	payé
vous	payez	v.	aviez	payé
ils	payent	ils	avaient	payé

Imparfait		**Passé antérieur**		
je	payais	j'	eus	payé
tu	payais	tu	eus	payé
il	payait	il	eut	payé
nous	payions	n.	eûmes	payé
vous	payiez	v.	eûtes	payé
ils	payaient	ils	eurent	payé

Passé simple		**Futur antérieur**		
je	payai	j'	aurai	payé
tu	payas	tu	auras	payé
il	paya	il	aura	payé
nous	payâmes	n.	aurons	payé
vous	payâtes	v.	aurez	payé
ils	payèrent	ils	auront	payé

Futur simple		*ou*	
je	paierai	je	payerai
tu	paieras	tu	payeras
il	paiera	il	payera
nous	paierons	nous	payerons
vous	paierez	vous	payerez
ils	paieront	ils	payeront

INFINITIF

Présent : payer
Passé : avoir payé

PARTICIPE

Présent : payant
Passé : payé, ée
ayant payé

SUBJONCTIF

Présent		**Passé**		
que je	paie	que j'	aie	payé
que tu	paies	que tu	aies	payé
qu'il	paie	qu'il	ait	payé
que n.	payions	que n.	ayons	payé
que v.	payiez	que v.	ayez	payé
qu'ils	paient	qu'ils	aient	payé

ou		**Plus-que-parfait**		
que je	paye	que j'	eusse	payé
que tu	payes	que tu	eusses	payé
qu'il	paye	qu'il	eût	payé
que n.	payions	que n.	eussions	payé
que v.	payiez	que v.	eussiez	payé
qu'ils	payent	qu'ils	eussent	payé

Imparfait	
que je	payasse
que tu	payasses
qu'il	payât
que n.	payassions
que v.	payassiez
qu'ils	payassent

IMPERATIF

Présent	**Passé**	
paye *ou* paie	aie	payé
payons	ayons	payé
payez	ayez	payé

CONDITIONNEL

Présent		*ou*	
je	paierais	je	payerais
tu	paierais	tu	payerais
il	paierait	il	payerait
n.	paierions	n.	payerions
v.	paieriez	v.	payeriez
ils	paieraient	ils	payeraient

Passé 1re forme		**Passé 2e forme**		
j'	aurais payé	j'	eusse	payé
tu	aurais payé	tu	eusses	payé
il	aurait payé, etc.	il	eût	payé, etc.

Les verbes en **-ayer** peuvent : 1. conserver l'**y** dans toute la conjugaison ; 2. remplacer l'**y** par un **i** devant un **e muet**, c'est-à-dire devant les terminaisons : **e, es, ent, erai, erais** : *je paye* (prononcer *pey*) ou *je paie* (prononcer *pé*). Remarquer la présence de l'**i** après **y** aux deux premières personnes du pluriel à l'imparfait de l'indicatif et au présent du subjonctif. Les verbes en **-eyer (grasseyer, faseyer, capeyer)** conservent l'**y** dans toute la conjugaison. On ajoute au radical sur **-ey-** les terminaisons du verbe **aimer** (6).

17 VERBES EN -OYER ET -UYER : BROYER

INDICATIF

Présent		Passé composé		
je	broie	j'	ai	broyé
tu	broies	tu	as	broyé
il	broie	il	a	broyé
nous	broyons	n.	avons	broyé
vous	broyez	v.	avez	broyé
ils	broient	ils	ont	broyé

Imparfait		Plus-que-parfait		
je	broyais	j'	avais	broyé
tu	broyais	tu	avais	broyé
il	broyait	il	avait	broyé
nous	broyions	n.	avions	broyé
vous	broyiez	v.	aviez	broyé
ils	broyaient	ils	avaient	broyé

Passé simple		Passé antérieur		
je	broyai	j'	eus	broyé
tu	broyas	tu	eus	broyé
il	broya	il	eut	broyé
nous	broyâmes	n.	eûmes	broyé
vous	broyâtes	v.	eûtes	broyé
ils	broyèrent	ils	eurent	broyé

Futur simple		Futur antérieur		
je	broierai	j'	aurai	broyé
tu	broieras	tu	auras	broyé
il	broiera	il	aura	broyé
nous	broierons	n.	aurons	broyé
vous	broierez	v.	aurez	broyé
ils	broieront	ils	auront	broyé

SUBJONCTIF

Présent		Passé		
que je	broie	que j'	aie	broyé
que tu	broies	que tu	aies	broyé
qu'il	broie	qu'il	ait	broyé
que n.	broyions	que n.	ayons	broyé
que v.	broyiez	que v.	ayez	broyé
qu'ils	broient	qu'ils	aient	broyé

Imparfait		Plus-que-parfait		
que je	broyasse	que j'	eusse	broyé
que tu	broyasses	que tu	eusses	broyé
qu'il	broyât	qu'il	eût	broyé
que n.	broyassions	que n.	eussions	broyé
que v.	broyassiez	que v.	eussiez	broyé
qu'ils	broyassent	qu'ils	eussent	broyé

IMPERATIF

Présent	Passé	
broie	aie	broyé
broyons	ayons	broyé
broyez	ayez	broyé

CONDITIONNEL

Présent		Passé 1re forme		
je	broierais	j'	aurais	broyé
tu	broierais	tu	aurais	broyé
il	broierait	il	aurait	broyé
n.	broierions	n.	aurions	broyé
v.	broieriez	v.	auriez	broyé
ils	broieraient	ils	auraient	broyé

Passé 2e forme		
j'	eusse	broyé
tu	eusses	broyé
il	eût	broyé
n.	eussions	broyé
v.	eussiez	broyé
ils	eussent	broyé

INFINITIF

Présent	Passé
broyer	avoir broyé

PARTICIPE

Présent	Passé
broyant	broyé, ée
	ayant broyé

Les verbes en **-oyer** et **-uyer** changent l'**y** du radical en **i** devant un **e muet** (terminaisons **e, es, ent, erai, erais**). *Exceptions :* **envoyer** et **renvoyer**, qui sont irréguliers au futur et au conditionnel (v. page suivante). Remarquer la présence de l'**i** après **y** aux deux premières personnes du pluriel à l'imparfait de l'indicatif et au présent du subjonctif.

■

INDICATIF

Présent

		Passé composé		
j'	envoie	j'	ai	envoyé
tu	envoies	tu	as	envoyé
il	envoie	il	a	envoyé
nous	envoyons	n.	avons	envoyé
vous	envoyez	v.	avez	envoyé
ils	envoient	ils	ont	envoyé

Imparfait

		Plus-que-parfait		
j'	envoyais	j'	avais	envoyé
tu	envoyais	tu	avais	envoyé
il	envoyait	il	avait	envoyé
nous	envoyions	n.	avions	envoyé
vous	envoyiez	v.	aviez	envoyé
ils	envoyaient	ils	avaient	envoyé

Passé simple

		Passé antérieur		
j'	envoyai	j'	eus	envoyé
tu	envoyas	tu	eus	envoyé
il	envoya	il	eut	envoyé
nous	envoyâmes	n.	eûmes	envoyé
vous	envoyâtes	v.	eûtes	envoyé
ils	envoyèrent	ils	eurent	envoyé

Futur simple

		Futur antérieur		
j'	enverrai	j'	aurai	envoyé
tu	enverras	tu	auras	envoyé
il	enverra	il	aura	envoyé
nous	enverrons	n.	aurons	envoyé
vous	enverrez	v.	aurez	envoyé
ils	enverront	ils	auront	envoyé

SUBJONCTIF

Présent

		Passé		
que j'	envoie	que j'	aie	envoyé
que tu	envoies	que tu	aies	envoyé
qu'il	envoie	qu'il	ait	envoyé
que n.	envoyions	que n.	ayons	envoyé
que v.	envoyiez	que v.	ayez	envoyé
qu'ils	envoient	qu'ils	aient	envoyé

Imparfait

		Plus-que-parfait		
que j'	envoyasse	que j'	eusse	envoyé
que tu	envoyasses	que tu	eusses	envoyé
qu'il	envoyât	qu'il	eût	envoyé
que n.	envoyassions	que n.	eussions	envoyé
que v.	envoyassiez	que v.	eussiez	envoyé
qu'ils	envoyassent	qu'ils	eussent	envoyé

IMPERATIF

Présent

	Passé	
envoie	aie	envoyé
envoyons	ayons	envoyé
envoyez	ayez	envoyé

CONDITIONNEL

Présent

		Passé 1re forme		
j'	enverrais	j'	aurais	envoyé
tu	enverrais	tu	aurais	envoyé
il	enverrait	il	aurait	envoyé
n.	enverrions	n.	aurions	envoyé
v.	enverriez	v.	auriez	envoyé
ils	enverraient	ils	auraient	envoyé

Passé 2e forme

j'	eusse	envoyé
tu	eusses	envoyé
il	eût	envoyé
n.	eussions	envoyé
v.	eussiez	envoyé
ils	eussent	envoyé

INFINITIF

Présent	Passé
envoyer	avoir envoyé

PARTICIPE

Présent	Passé
envoyant	envoyé, ée
	ayant envoyé

Ainsi se conjugue **renvoyer**.

19

VERBES EN -IR/ISSANT : FINIR
Infinitif présent en **-ir;** participe présent en **-issant**[1]

INDICATIF					SUBJONCTIF				
Présent		**Passé composé**			**Présent**		**Passé**		
je	finis	j'	ai	fini	que je	finisse	que j'	aie	fini
tu	finis	tu	as	fini	que tu	finisses	que tu	aies	fini
il	finit	il	a	fini	qu'il	finisse	qu'il	ait	fini
nous	finissons	n.	avons	fini	que n.	finissions	que n.	ayons	fini
vous	finissez	v.	avez	fini	que v.	finissiez	que v.	ayez	fini
ils	finissent	ils	ont	fini	qu'ils	finissent	qu'ils	aient	fini
Imparfait		**Plus-que-parfait**			**Imparfait**		**Plus-que-parfait**		
je	finissais	j'	avais	fini	que je	finisse	que j'	eusse	fini
tu	finissais	tu	avais	fini	que tu	finisses	que tu	eusses	fini
il	finissait	il	avait	fini	qu'il	finît	qu'il	eût	fini
nous	finissions	m.	avions	fini	que n.	finissions	que n.	eussions	fini
vous	finissiez	v.	aviez	fini	que v.	finissiez	que v.	eussiez	fini
ils	finissaient	ils	avaient	fini	qu'ils	finissent	qu'ils	eussent	fini

Passé simple		**Passé antérieur**		
je	finis	j'	eus	fini
tu	finis	tu	eus	fini
il	finit	il	eut	fini
nous	finîmes	n.	eûmes	fini
vous	finîtes	v.	eûtes	fini
ils	finirent	ils	eurent	fini

IMPERATIF

Présent	**Passé**	
finis	aie	fini
finissons	ayons	fini
finissez	ayez	fini

CONDITIONNEL

Futur simple		**Futur antérieur**			**Présent**		**Passé 1re forme**		
je	finirai	j'	aurai	fini	je	finirais	j'	aurais	fini
tu	finiras	tu	auras	fini	tu	finirais	tu	aurais	fini
il	finira	il	aura	fini	il	finirait	il	aurait	fini
nous	finirons	n.	aurons	fini	n.	finirions	n.	aurions	fini
vous	finirez	v.	aurez	fini	v.	finiriez	v.	auriez	fini
ils	finiront	ils	auront	fini	ils	finiraient	ils	auraient	fini

INFINITIF			PARTICIPE			**Passé 2e forme**		
Présent	**Passé**		**Présent**	**Passé**		j'	eusse	fini
finir	avoir fini		finissant	fini, ie		tu	eusses	fini
				ayant fini		il	eût	fini
						n.	eussions	fini
						v.	eussiez	fini
						ils	eussent	fini

1. Ainsi se conjuguent environ 300 verbes en **-ir, -issant,** qui, avec les verbes en **-er,** forment la conjugaison vivante. Les verbes **obéir** et **désobéir** (intransitifs à l'actif) ont gardé, d'une ancienne construction transitive, un passif : *«sera-t-elle obéie?»*.

INDICATIF

Présent

je	hais
tu	hais
il	hait
nous	haïssons
vous	haïssez
ils	haïssent

Passé composé

j'	ai	haï
tu	as	haï
il	a	haï
n.	avons	haï
v.	avez	haï
ils	ont	haï

Imparfait

je	haïssais
tu	haïssais
il	haïssait
nous	haïssions
vous	haïssiez
ils	haïssaient

Plus-que-parfait

j'	avais	haï
tu	avais	haï
il	avait	haï
n.	avions	haï
v.	aviez	haï
ils	avaient	haï

Passé simple

je	haïs
tu	haïs
il	haït
nous	haïmes
vous	haïtes
ils	haïrent

Passé antérieur

j'	eus	haï
tu	eus	haï
il	eut	haï
n.	eûmes	haï
v.	eûtes	haï
ils	eurent	haï

Futur simple

je	haïrai
tu	haïras
il	haïra
nous	haïrons
vous	haïrez
ils	haïront

Futur antérieur

j'	aurai	haï
tu	auras	haï
il	aura	haï
n.	aurons	haï
v.	aurez	haï
ils	auront	haï

SUBJONCTIF

Présent

que je	haïsse
que tu	haïsses
qu'il	haïsse
que n.	haïssions
que v.	haïssiez
qu'ils	haïssent

Passé

que j'	aie	haï
que tu	aies	haï
qu'il	ait	haï
que n.	ayons	haï
que v.	ayez	haï
qu'ils	aient	haï

Imparfait

que je	haïsse
que tu	haïsses
qu'il	haït
que n.	haïssions
que v.	haïssiez
qu'ils	haïssent

Plus-que-parfait

que j'	eusse	haï
que tu	eusses	haï
qu'il	eût	haï
que n.	eussions	haï
que v.	eussiez	haï
qu'ils	eussent	haï

IMPERATIF

Présent

hais
haïssons
haïssez

Passé

aie	haï
ayons	haï
ayez	haï

CONDITIONNEL

Présent

je	haïrais
tu	haïrais
il	haïrait
n.	haïrions
v.	haïriez
ils	haïraient

Passé 1re forme

j'	aurais	haï
tu	aurais	haï
il	aurait	haï
n.	aurions	haï
v.	auriez	haï
ils	auraient	haï

Passé 2e forme

j'	eusse	haï
tu	eusses	haï
il	eût	haï
n.	eussions	haï
v.	eussiez	haï
ils	eussent	haï

INFINITIF

Présent

haïr

Passé

avoir haï

PARTICIPE

Présent

haïssant

Passé

haï, ie
ayant haï

Haïr est le seul verbe de cette terminaison ; il prend un tréma sur l'**i** dans toute sa conjugaison, excepté aux trois personnes du singulier du présent de l'indicatif, et à la deuxième personne du singulier de l'impératif. Le tréma exclut l'accent circonflexe au passé simple et au subjonctif imparfait.

21 TROISIÈME GROUPE

■ ■ ■ **Le 3e groupe comprend :**

1. **Le verbe aller** (tableau 22).
2. **Les verbes en -ir** qui ont le participe présent en **-ant,** et non en **-issant** (tableaux 23 à 37).
3. **Tous les verbes en -oir** (tableaux 38 à 52).
4. **Tous les verbes en -re** (tableaux 53 à 82).

Les soixante et un tableaux suivants permettent de conjuguer les quelque trois cent cinquante verbes du 3e groupe dont la liste est donnée pages 118 et 119; ils y sont classés par terminaisons et par référence au verbe type dont ils épousent les particularités de conjugaison. Ainsi se trouve exactement circonscrite cette conjugaison morte qui par sa complexité et ses singularités constitue la difficulté majeure du système verbal français.

Trois traits généraux peuvent cependant en être dégagés.

1. Le passé simple, dans le 3e groupe, est tantôt en *is : je fis, je dormis,* tantôt en *us : je valus; tenir* et *venir* font : *je tins, je vins.*

2. Le participe passé est tantôt en *i : dormi, senti, servi,* tantôt en *u : valu, tenu, venu,* etc. Dans un certain nombre de verbes appartenant à ce groupe, le participe passé n'a pas à proprement parler de terminaison et n'est qu'une modification du radical : *né, pris, fait, dit,* etc.

3. Au présent de l'indicatif, de l'impératif, du subjonctif, on observe parfois une alternance vocalique qui oppose aux autres personnes les 1re et 2e personnes du pluriel : *nous te*nons, *vous* **te**nez, alternant avec *je* **tiens**, *tu* **tiens**, *il* **tien**t, *ils* **tien**nent. Cette modification du radical s'explique par le fait qu'en latin l'accent tonique frappait tantôt le radical (*ám-o :* radical fort), tantôt la terminaison (*am-ámus :* radical faible). Comme les syllabes ont évolué différemment selon qu'elles étaient accentuées ou atones, tous les verbes français devraient présenter une alternance de ce type. Mais l'analogie a généralisé tantôt le radical fort (*j'aime, nous aimons* au lieu de *nous amons*), plus rarement le radical faible (*nous trouvons, je trouve* au lieu de *je treuve*). Cependant, d'assez nombreux verbes ont gardé trace de cette alternance tonique, rarement au 1er groupe : *je sème, nous semons,* plus fréquemment au 3e : voir entre autres : *j'acquiers/nous acquérons, je reçois/nous recevons, je meurs/nous mourons, je bois/nous buvons, je fais/nous faisons* (prononcé *fe*). Il n'est, pour s'en rendre compte, que de parcourir les tableaux suivants où les premières personnes du singulier et du pluriel, notées en rouge, soulignent cette particularité.

INDICATIF

Présent

je	vais
tu	vas
il	va
nous	allons
vous	allez
ils	vont

Passé composé

je	suis	allé
tu	es	allé
il	est	allé
n.	sommes	allés
v.	êtes	allés
ils	sont	allés

Imparfait

j'	allais
tu	allais
il	allait
nous	allions
vous	alliez
ils	allaient

Plus-que-parfait

j'	étais	allé
tu	étais	allé
il	était	allé
n.	étions	allés
v.	étiez	allés
ils	étaient	allés

Passé simple

j'	allai
tu	allas
il	alla
nous	allâmes
vous	allâtes
ils	allèrent

Passé antérieur

je	fus	allé
tu	fus	allé
il	fut	allé
n.	fûmes	allés
v.	fûtes	allés
ils	furent	allés

Futur simple

j'	irai
tu	iras
il	ira
nous	irons
vous	irez
ils	iront

Futur antérieur

je	serai	allé
tu	seras	allé
il	sera	allé
n.	serons	allés
v.	serez	allés
ils	seront	allés

SUBJONCTIF

Présent

que j'	aille
que tu	ailles
qu'il	aille
que n.	allions
que v.	alliez
qu'ils	aillent

Passé

que je	sois	allé
que tu	sois	allé
qu'il	soit	allé
que n.	soyons	allés
que v.	soyez	allés
qu'ils	soient	allés

Imparfait

que j'	allasse
que tu	allasses
qu'il	allât
que n.	allassions
que v.	allassiez
qu'ils	allassent

Plus-que-parfait

que je	fusse	allé
que tu	fusses	allé
qu'il	fût	allé
que n.	fussions	allés
que v.	fussiez	allés
qu'ils	fussent	allés

IMPERATIF

Présent

va
allons
allez

Passé

sois	allé
soyons	allés
soyez	allés

CONDITIONNEL

Présent

j'	irais
tu	irais
il	irait
n.	irions
v.	iriez
ils	iraient

Passé 1re forme

je	serais	allé
tu	serais	allé
il	serait	allé
n.	serions	allés
v.	seriez	allés
ils	seraient	allés

Passé 2e forme

je	fusse	allé
tu	fusses	allé
il	fût	allé
n.	fussions	allés
v.	fussiez	allés
ils	fussent	allés

INFINITIF

Présent

aller

Passé

être allé

PARTICIPE

Présent

allant

Passé

allé, ée
étant allé

Le verbe **aller** se conjugue sur trois radicaux distincts : le radical **va** *(je vais, tu vas, il va,* impératif : *va)*; le radical **-ir** au futur et au conditionnel : *j'irai, j'irais;* ailleurs, le radical de l'infinitif **all-**. A l'impératif, devant le pronom adverbial **y** non suivi d'un infinitif, **va** prend un **s** : *vas-y,* mais : *va y mettre bon ordre.* A la forme interrogative on écrit : *va-t-il?* comme *aima-t-il?* **S'en aller** se conjugue comme **aller.** Aux temps composés, on met l'auxiliaire **être** entre *en* et *allé : je m'en suis allé,* et non *je me suis en allé.* L'impératif est : *va-t'en* (avec élision de l'*e* du pronom réfléchi **te**), *allons-nous-en, allez-vous-en.*

INDICATIF

Présent

je	tiens
tu	tiens
il	tient
nous	tenons
vous	tenez
ils	tiennent

Passé composé

j'	ai	tenu
tu	as	tenu
il	a	tenu
n.	avons	tenu
v.	avez	tenu
ils	ont	tenu

Imparfait

je	tenais
tu	tenais
il	tenait
nous	tenions
vous	teniez
ils	tenaient

Plus-que-parfait

j'	avais	tenu
tu	avais	tenu
il	avait	tenu
n.	avions	tenu
v.	aviez	tenu
ils	avaient	tenu

Passé simple

je	tins
tu	tins
il	tint
nous	tînmes
vous	tîntes
ils	tinrent

Passé antérieur

j'	eus	tenu
tu	eus	tenu
il	eut	tenu
n.	eûmes	tenu
v.	eûtes	tenu
ils	eurent	tenu

Futur simple

je	tiendrai
tu	tiendras
il	tiendra
nous	tiendrons
vous	tiendrez
ils	tiendront

Futur antérieur

j'	aurai	tenu
tu	auras	tenu
il	aura	tenu
n.	aurons	tenu
v.	aurez	tenu
ils	auront	tenu

SUBJONCTIF

Présent

que je	tienne
que tu	tiennes
qu'il	tienne
que n.	tenions
que v.	teniez
qu'ils	tiennent

Passé

que j'	aie	tenu
que tu	aies	tenu
qu'il	ait	tenu
que n.	ayons	tenu
que v.	ayez	tenu
qu'ils	aient	tenu

Imparfait

que je	tinsse
que tu	tinsses
qu'il	tînt
que n.	tinssions
que v.	tinssiez
qu'ils	tinssent

Plus-que-parfait

que j'	eusse	tenu
que tu	eusses	tenu
qu'il	eût	tenu
que n.	eussions	tenu
que v.	eussiez	tenu
qu'ils	eussent	tenu

IMPERATIF

Présent

tiens
tenons
tenez

Passé

aie	tenu
ayons	tenu
ayez	tenu

CONDITIONNEL

Présent

je	tiendrais
tu	tiendrais
il	tiendrait
n.	tiendrions
v.	tiendriez
ils	tiendraient

Passé 1re forme

j'	aurais	tenu
tu	aurais	tenu
il	aurait	tenu
n.	aurions	tenu
v.	auriez	tenu
ils	auraient	tenu

Passé 2e forme

j'	eusse	tenu
tu	eusses	tenu
il	eût	tenu
n.	eussions	tenu
v.	eussiez	tenu
ils	eussent	tenu

INFINITIF

Présent

tenir

Passé

avoir tenu

PARTICIPE

Présent

tenant

Passé

tenu, ue
ayant tenu

Ainsi se conjuguent **tenir, venir** et leurs composés (page 118). **Venir** et ses composés prennent l'auxiliaire **être,** sauf *circonvenir, prévenir, subvenir.*
Advenir n'est employé qu'à la 3e personne du singulier et du pluriel ; les temps composés se forment avec l'auxiliaire **être :** *il est advenu.* D'**avenir** ne subsistent que le nom et l'adjectif *(avenant).*

INDICATIF

Présent

j'	acquiers			
tu	acquiers			
il	acquiert			
nous	acquérons			
vous	acquérez			
ils	acquièrent			

Passé composé

j'	ai	acquis
tu	as	acquis
il	a	acquis
n.	avons	acquis
v.	avez	acquis
ils	ont	acquis

Imparfait

j'	acquérais
tu	acquérais
il	acquérait
nous	acquérions
vous	acquériez
ils	acquéraient

Plus-que-parfait

j'	avais	acquis
tu	avais	acquis
il	avait	acquis
n.	avions	acquis
v.	aviez	acquis
ils	avaient	acquis

Passé simple

j'	acquis
tu	acquis
il	acquit
nous	acquîmes
vous	acquîtes
ils	acquirent

Passé antérieur

j'	eus	acquis
tu	eus	acquis
il	eut	acquis
n.	eûmes	acquis
v.	eûtes	acquis
ils	eurent	acquis

Futur simple

j'	acquerrai
tu	acque^{rr}as
il	acque^{rr}a
nous	acque^{rr}ons
vous	acque^{rr}ez
ils	acque^{rr}ont

Futur antérieur

j'	aurai	acquis
tu	auras	acquis
il	aura	acquis
n.	aurons	acquis
v.	aurez	acquis
ils	auront	acquis

SUBJONCTIF

Présent

que j'	acquière
que tu	acquières
qu'il	acquière
que n.	acquérions
que v.	acquériez
qu'ils	acquièrent

Passé

que j'	aie	acquis
que tu	aies	acquis
qu'il	ait	acquis
que n.	ayons	acquis
que v.	ayez	acquis
qu'ils	aient	acquis

Imparfait

que j'	acquisse
que tu	acquisses
qu'il	acquît
que n.	acquissions
que v.	acquissiez
qu'ils	acquissent

Plus-que-parfait

que j'	eusse	acquis
que tu	eusses	acquis
qu'il	eût	acquis
que n.	eussions	acquis
que v.	eussiez	acquis
qu'ils	eussent	acquis

IMPERATIF

Présent

acquiers
acquérons
acquérez

Passé

aie	acquis
ayons	acquis
ayez	acquis

CONDITIONNEL

Présent

j'	acquerrais
tu	acque^{rr}ais
il	acque^{rr}ait
n.	acque^{rr}ions
v.	acque^{rr}iez
ils	acque^{rr}aient

Passé 1re forme

j'	aurais	acquis
tu	aurais	acquis
il	aurait	acquis
n.	aurions	acquis
v.	auriez	acquis
ils	auraient	acquis

INFINITIF

Présent

acquérir

Passé

avoir acquis

PARTICIPE

Présent

acquérant

Passé

acquis, ise
ayant acquis

Passé 2e forme

j'	eusse	acquis
tu	eusses	acquis
il	eût	acquis
n.	eussions	acquis
v.	eussiez	acquis
ils	eussent	acquis

Ainsi se conjuguent les composés de **quérir** (page 118).
Acquérir. Ne pas confondre le participe substantivé **acquis** *(avoir de l'acquis)* avec le substantif verbal **acquit** de **acquitter** *(par acquit, pour acquit).*
Noter la subsistance d'une forme ancienne dans la locution «à enquerre» (≃ infinitif).

VERBES EN -TIR : SENTIR

INDICATIF

Présent

je	sens			
tu	sens			
il	sent			
nous	sentons			
vous	sentez			
ils	sentent			

Passé composé

j'	ai	senti
tu	as	senti
il	a	senti
n.	avons	senti
v.	avez	senti
ils	ont	senti

Imparfait

je	sentais
tu	sentais
il	sentait
nous	sentions
vous	sentiez
ils	sentaient

Plus-que-parfait

j'	avais	senti
tu	avais	senti
il	avait	senti
n.	avions	senti
v.	aviez	senti
ils	avaient	senti

Passé simple

je	sentis
tu	sentis
il	sentit
nous	sentîmes
vous	sentîtes
ils	sentirent

Passé antérieur

j'	eus	senti
tu	eus	senti
il	eut	senti
n.	eûmes	senti
v.	eûtes	senti
ils	eurent	senti

Futur simple

je	sentirai
tu	sentiras
il	sentira
nous	sentirons
vous	sentirez
ils	sentiront

Futur antérieur

j'	aurai	senti
tu	auras	senti
il	aura	senti
n.	aurons	senti
v.	aurez	senti
ils	auront	senti

SUBJONCTIF

Présent

que je	sente
que tu	sentes
qu'il	sente
que n.	sentions
que v.	sentiez
qu'ils	sentent

Passé

que j'	aie	senti
que tu	aies	senti
qu'il	ait	senti
que n.	ayons	senti
que v.	ayez	senti
qu'ils	aient	senti

Imparfait

que je	sentisse
que tu	sentisses
qu'il	sentît
que n.	sentissions
que v.	sentissiez
qu'ils	sentissent

Plus-que-parfait

que j'	eusse	senti
que tu	eusses	senti
qu'il	eût	senti
que n.	eussions	senti
que v.	eussiez	senti
qu'ils	eussent	senti

IMPERATIF

Présent

sens
sentons
sentez

Passé

aie	senti
ayons	senti
ayez	senti

CONDITIONNEL

Présent

je	sentirais
tu	sentirais
il	sentirait
n.	sentirions
v.	sentiriez
ils	sentiraient

Passé 1re forme

j'	aurais	senti
tu	aurais	senti
il	aurait	senti
n.	aurions	senti
v.	auriez	senti
ils	auraient	senti

Passé 2e forme

j'	eusse	senti
tu	eusses	senti
il	eût	senti
n.	eussions	senti
v.	eussiez	senti
ils	eussent	senti

INFINITIF

Présent

sentir

Passé

avoir senti

PARTICIPE

Présent

sentant

Passé

senti, ie
ayant senti

Ainsi se conjuguent **mentir, sentir, partir, se repentir, sortir** et leurs composés (page 118). Le participe passé *menti* est invariable, mais *démenti, ie* s'accorde. **Départir,** employé d'ordinaire à la forme pronominale **se départir,** se conjugue normalement comme **partir,** *i : je me départs..., je me départais..., se départant.* On peut regretter que de bons auteurs, sous l'influence sans doute de **répartir,** écrivent : *il se départissait, se départissant* et au présent de l'indicatif, *il se départit.*

■ ■ ■

INDICATIF

Présent		Passé composé		
je	vêts	j'	ai	vêtu
tu	vêts	tu	as	vêtu
il	vêt	il	a	vêtu
nous	vêtons	n.	avons	vêtu
vous	vêtez	v.	avez	vêtu
ils	vêtent	ils	ont	vêtu

Imparfait		Plus-que-parfait		
je	vêtais	j'	avais	vêtu
tu	vêtais	tu	avais	vêtu
il	vêtait	il	avait	vêtu
nous	vêtions	n.	avions	vêtu
vous	vêtiez	v.	aviez	vêtu
ils	vêtaient	ils	avaient	vêtu

Passé simple		Passé antérieur		
je	vêtis	j'	eus	vêtu
tu	vêtis	tu	eus	vêtu
il	vêtit	il	eut	vêtu
nous	vêtîmes	n.	eûmes	vêtu
vous	vêtîtes	v.	eûtes	vêtu
ils	vêtirent	ils	eurent	vêtu

Futur simple		Futur antérieur		
je	vêtirai	j'	aurai	vêtu
tu	vêtiras	tu	auras	vêtu
il	vêtira	il	aura	vêtu
nous	vêtirons	n.	aurons	vêtu
vous	vêtirez	v.	aurez	vêtu
ils	vêtiront	ils	auront	vêtu

SUBJONCTIF

Présent		Passé		
que je	vête	que j'	aie	vêtu
que tu	vêtes	que tu	aies	vêtu
qu'il	vête	qu'il	ait	vêtu
que n.	vêtions	que n.	ayons	vêtu
que v.	vêtiez	que v.	ayez	vêtu
qu'ils	vêtent	qu'ils	aient	vêtu

Imparfait		Plus-que-parfait		
que je	vêtisse	que j'	eusse	vêtu
que tu	vêtisses	que tu	eusses	vêtu
qu'il	vêtît	qu'il	eût	vêtu
que n.	vêtissions	que n.	eussions	vêtu
que v.	vêtissiez	que v.	eussiez	vêtu
qu'ils	vêtissent	qu'ils	eussent	vêtu

IMPERATIF

Présent	Passé	
vêts	aie	vêtu
vêtons	ayons	vêtu
vêtez	ayez	vêtu

CONDITIONNEL

Présent		Passé 1re forme		
je	vêtirais	j'	aurais	vêtu
tu	vêtirais	tu	aurais	vêtu
il	vêtirait	il	aurait	vêtu
n.	vêtirions	n.	aurions	vêtu
v.	vêtiriez	v.	auriez	vêtu
ils	vêtiraient	ils	auraient	vêtu

INFINITIF

Présent	Passé
vêtir	avoir vêtu

PARTICIPE

Présent	Passé
vêtant	vêtu, ue
	ayant vêtu

Passé 2e forme		
j'	eusse	vêtu
tu	eusses	vêtu
il	eût	vêtu
n.	eussions	vêtu
v.	eussiez	vêtu
ils	eussent	vêtu

Ainsi se conjuguent **dévêtir** et **revêtir**.
Le singulier du présent de l'indicatif et de l'impératif de *vêtir* est peu usité, car un grand nombre d'écrivains conjuguent curieusement ce verbe sur **finir** : *Dieu leur a refusé le cocotier qui ombrage, loge, **vêtit**, nourrit et abreuve les enfants de Brahma* (VOLTAIRE). *Les sauvages vivaient et **se vêtissaient** du produit de leurs chasses* (CHATEAUBRIAND). *Comme un fils de Morven, **me vêtissant** d'orages...* (LAMARTINE). Ce serait faire preuve d'un rigorisme excessif que de ne pas accueillir des formes aussi autorisées à côté des formes un peu sourdes : *vêt, vêtent*, etc. Cependant, dans les composés, les formes primitives sont seules admises : *il revêt, il revêtait, revêtant*.

27 VERBES EN **-VRIR** OU **-FRIR : COUVRIR**

INDICATIF

Présent		Passé composé		
je	couvre	j'	ai	couvert
tu	couvres	tu	as	couvert
il	couvre	il	a	couvert
nous	couvrons	n.	avons	couvert
vous	couvrez	v.	avez	couvert
ils	couvrent	ils	ont	couvert

Imparfait		Plus-que-parfait		
je	couvrais	j'	avais	couvert
tu	couvrais	tu	avais	couvert
il	couvrait	il	avait	couvert
nous	couvrions	n.	avions	couvert
vous	couvriez	v.	aviez	couvert
ils	couvraient	ils	avaient	couvert

Passé simple		Passé antérieur		
je	couvris	j'	eus	couvert
tu	couvris	tu	eus	couvert
il	couvrit	il	eut	couvert
nous	couvrîmes	n.	eûmes	couvert
vous	couvrîtes	v.	eûtes	couvert
ils	couvrirent	ils	eurent	couvert

Futur simple		Futur antérieur		
je	couvrirai	j'	aurai	couvert
tu	couvriras	tu	auras	couvert
il	couvrira	il	aura	couvert
nous	couvrirons	n.	aurons	couvert
vous	couvrirez	v.	aurez	couvert
ils	couvriront	ils	auront	couvert

SUBJONCTIF

Présent		Passé		
que je	couvre	que j'	aie	couvert
que tu	couvres	que tu	aies	couvert
qu'il	couvre	qu'il	ait	couvert
que n.	couvrions	que n.	ayons	couvert
que v.	couvriez	que v.	ayez	couvert
qu'ils	couvrent	qu'ils	aient	couvert

Imparfait		Plus-que-parfait		
que je	couvrisse	que j'	eusse	couvert
que tu	couvrisses	que tu	eusses	couvert
qu'il	couvrît	qu'il	eût	couvert
que n.	couvrissions	que n.	eussions	couvert
que v.	couvrissiez	que v.	eussiez	couvert
qu'ils	couvrissent	qu'ils	eussent	couvert

IMPERATIF

Présent	Passé	
couvre	aie	couvert
couvrons	ayons	couvert
couvrez	ayez	couvert

CONDITIONNEL

| Présent | | Passé 1re forme | | |

Présent		Passé 1re forme		
je	couvrirais	j'	aurais	couvert
tu	couvrirais	tu	aurais	couvert
il	couvrirait	il	aurait	couvert
n.	couvririons	n.	aurions	couvert
v.	couvririez	v.	auriez	couvert
ils	couvriraient	ils	auraient	couvert

INFINITIF

Présent	Passé
couvrir	avoir couvert

PARTICIPE

Présent	Passé
couvrant	couvert, te
	ayant couvert

Passé 2e forme

j'	eusse	couvert
tu	eusses	couvert
il	eût	couvert
n.	eussions	couvert
v.	eussiez	couvert
ils	eussent	couvert

Ainsi se conjuguent **couvrir, ouvrir, souffrir** et leurs composés (page 118). Remarquer l'analogie des terminaisons du présent de l'indicatif, de l'impératif et du subjonctif avec celles des verbes du 1er groupe.

VERBE CUEILLIR 28

■■■

INDICATIF

Présent
je	cueille
tu	cueilles
il	cueille
nous	cueillons
vous	cueillez
ils	cueillent

Passé composé
j'	ai	cueilli
tu	as	cueilli
il	a	cueilli
n.	avons	cueilli
v.	avez	cueilli
ils	ont	cueilli

Imparfait
je	cueillais
tu	cueillais
il	cueillait
nous	cueillions
vous	cueilliez
ils	cueillaient

Plus-que-parfait
j'	avais	cueilli
tu	avais	cueilli
il	avait	cueilli
n.	avions	cueilli
v.	aviez	cueilli
ils	avaient	cueilli

Passé simple
je	cueillis
tu	cueillis
il	cueillit
nous	cueillîmes
vous	cueillîtes
ils	cueillirent

Passé antérieur
j'	eus	cueilli
tu	eus	cueilli
il	eut	cueilli
n.	eûmes	cueilli
v.	eûtes	cueilli
ils	eurent	cueilli

Futur simple
je	cueillerai
tu	cueilleras
il	cueillera
nous	cueillerons
vous	cueillerez
ils	cueilleront

Futur antérieur
j'	aurai	cueilli
tu	auras	cueilli
il	aura	cueilli
n.	aurons	cueilli
v.	aurez	cueilli
ils	auront	cueilli

SUBJONCTIF

Présent
que je	cueille
que tu	cueilles
qu'il	cueille
que n.	cueillions
que v.	cueilliez
qu'ils	cueillent

Passé
que j'	aie	cueilli
que tu	aies	cueilli
qu'il	ait	cueilli
que n.	ayons	cueilli
que v.	ayez	cueilli
qu'ils	aient	cueilli

Imparfait
que je	cueillisse
que tu	cueillisses
qu'il	cueillît
que n.	cueillissions
que v.	cueillissiez
qu'ils	cueillissent

Plus-que-parfait
que j'	eusse	cueilli
que tu	eusses	cueilli
qu'il	eût	cueilli
que n.	eussions	cueilli
que v.	eussiez	cueilli
qu'ils	eussent	cueilli

IMPERATIF

Présent
cueille
cueillons
cueillez

Passé
aie	cueilli
ayons	cueilli
ayez	cueilli

CONDITIONNEL

Présent
je	cueillerais
tu	cueillerais
il	cueillerait
n.	cueillerions
v.	cueilleriez
ils	cueilleraient

Passé 1re forme
j'	aurais	cueilli
tu	aurais	cueilli
il	aurait	cueilli
n.	aurions	cueilli
v.	auriez	cueilli
ils	auraient	cueilli

Passé 2e forme
j'	eusse	cueilli
tu	eusses	cueilli
il	eût	cueilli
n.	eussions	cueilli
v.	eussiez	cueilli
ils	eussent	cueilli

INFINITIF

Présent
cueillir

Passé
avoir cueilli

PARTICIPE

Présent
cueillant

Passé
cueilli, ie
ayant cueilli

Ainsi se conjuguent **accueillir** et **recueillir**. Remarquer l'analogie des terminaisons de ce verbe avec celles du 1er groupe, en particulier au futur et au conditionnel : *je cueillerai* comme *j'aimerai*. (Mais le passé simple est *je cueillis,* différent de *j'aimai*.)

■ ■ ■ INDICATIF

Présent		Passé composé		
j'	assaille	j'	ai	assailli
tu	assailles	tu	as	assailli
il	assaille	il	a	assailli
nous	assaillons	n.	avons	assailli
vous	assaillez	v.	avez	assailli
ils	assaillent	ils	ont	assailli

Imparfait		Plus-que-parfait		
j'	assaillais	j'	avais	assailli
tu	assaillais	tu	avais	assailli
il	assaillait	il	avait	assailli
nous	assaillions	n.	avions	assailli
vous	assailliez	v.	aviez	assailli
ils	assaillaient	ils	avaient	assailli

Passé simple		Passé antérieur		
j'	assaillis	j'	eus	assailli
tu	assaillis	tu	eus	assailli
il	assaillit	il	eut	assailli
nous	assaillîmes	n.	eûmes	assailli
vous	assaillîtes	v.	eûtes	assailli
ils	assaillirent	ils	eurent	assailli

Futur simple		Futur antérieur		
j'	assaillirai	j'	aurai	assailli
tu	assailliras	tu	auras	assailli
il	assaillira	il	aura	assailli
nous	assaillirons	n.	aurons	assailli
vous	assaillirez	v.	aurez	assailli
ils	assailliront	ils	auront	assailli

SUBJONCTIF

Présent		Passé		
que j'	assaille	que j'	aie	assailli
que tu	assailles	que tu	aies	assailli
qu'il	assaille	qu'il	ait	assailli
que n.	assaillions	que n.	ayons	assailli
que v.	assailliez	que v.	ayez	assailli
qu'ils	assaillent	qu'ils	aient	assailli

Imparfait		Plus-que-parfait		
que j'	assaillisse	que j'	eusse	assailli
que tu	assaillisses	que tu	eusses	assailli
qu'il	assaillît	qu'il	eût	assailli
que n.	assaillissions	que n.	eussions	assailli
que v.	assaillissiez	que v.	eussiez	assailli
qu'ils	assaillissent	qu'ils	eussent	assailli

IMPERATIF

Présent	Passé	
assaille	aie	assailli
assaillons	ayons	assailli
assaillez	ayez	assailli

CONDITIONNEL

Présent		Passé 1re forme		
j'	assaillirais	j'	aurais	assailli
tu	assaillirais	tu	aurais	assailli
il	assaillirait	il	aurait	assailli
n.	assaillirions	n.	aurions	assailli
v.	assailliriez	v.	auriez	assailli
ils	assailliraient	ils	auraient	assailli

INFINITIF

Présent	Passé
assaillir	avoir assailli

PARTICIPE

Présent	Passé
assaillant	assailli, ie
	ayant assailli

Passé 2e forme		
j'	eusse	assailli
tu	eusses	assailli
il	eût	assailli
n.	eussions	assailli
v.	eussiez	assailli
ils	eussent	assailli

Ainsi se conjuguent **tressaillir** et **défaillir** (cf. page suivante). Si quelques prosateurs célèbres ont risqué : *il tressaillit* au présent de l'indicatif, le dictionnaire de l'Académie, loin d'autoriser cette licence, écrit : *il tressaille de joie*. De même pour *je tressaillerai*, en regard de la seule forme correcte : *je tressaillirai*.
Saillir fait au futur : *il saillera, ils sailleront*.

■ ■ ■

INDICATIF		SUBJONCTIF	
Présent	**Passé composé**	**Présent**	**Passé**
je *faux*	j'ai failli, etc.	*que je faille,* etc.	que j'aie failli, etc.
tu *faux*			
il *faut*		**Imparfait**	**Plus-que-parfait**
nous *faillons*		*que je faillisse,* etc.	que j'eusse failli, etc.
vous *faillez*			
ils *faillent*			

Imparfait	**Plus-que-parfait**	IMPERATIF
je faillais, etc.	j'avais failli, etc.	**Présent**
		...
Passé simple	**Passé antérieur**	
je faillis, etc.	j'eus failli, etc.	CONDITIONNEL

Futur simple	**Futur antérieur**	**Présent**	**Passé 1ʳᵉ forme**
je faillirai, etc.	j'aurai failli, etc.	je faillirais, etc.	j'aurais failli
je faudrai, etc.		*je faudrais,* etc.	

INFINITIF		PARTICIPE	
Présent	**Passé**	**Présent**	**Passé**
faillir	avoir failli	faillant	failli, ayant failli

■ Les formes en italique sont tout à fait désuètes. Le verbe **faillir** a trois emplois distincts :
1. Au sens de *manquer de* (semi-auxiliaire suivi de l'infinitif) : *j'ai failli tomber,* il n'a que le passé simple : *je faillis;* le futur, le conditionnel : *je faillirai, je faillirais,* et tous les temps composés du type *avoir failli.*
2. Ces mêmes formes sont usitées avec le sens de *manquer à : je ne faillirai jamais à mon devoir.* Mais dans cette acception on trouve aussi quelques formes archaïques qui survivent surtout dans des expressions toutes faites comme *le cœur me faut.* Ce sont elles qui sont signalées ci-dessus en italique.
3. Enfin, au sens de *faire faillite,* ce verbe se conjugue régulièrement sur *finir,* mais il est pratiquement inusité, sauf au participe passé employé comme nom : *un failli.*

■ Le verbe défaillir se conjugue sur **assaillir** (tableau 29), mais certains temps sont moins usités (présent de l'indicatif au singulier, futur simple et conditionnel présent), sans doute en raison d'hésitations dues à la persistance de formes archaïques aujourd'hui sorties de l'usage, telles que :
Indicatif présent : je défaus, tu défaus, il défaut. *Indicatif futur :* je défaudrai, etc.
Mais ces hésitations n'autorisent pas à dire au futur : *je défaillerai* pour *je défaillirai.*

31 VERBE **BOUILLIR**

■ ■ ■

INDICATIF

Présent

je	bous	
tu	bous	
il	bout	
nous	bouillons	
vous	bouillez	
ils	bouillent	

Passé composé

j′	ai	bouilli
tu	as	bouilli
il	a	bouilli
n.	avons	bouilli
v.	avez	bouilli
ils	ont	bouilli

Imparfait

je	bouillais
tu	bouillais
il	bouillait
nous	bouillions
vous	bouilliez
ils	bouillaient

Plus-que-parfait

j′	avais	bouilli
tu	avais	bouilli
il	avait	bouilli
n.	avions	bouilli
v.	aviez	bouilli
ils	avaient	bouilli

Passé simple

je	bouillis
tu	bouillis
il	bouillit
nous	bouillîmes
vous	bouillîtes
ils	bouillirent

Passé antérieur

j′	eus	bouilli
tu	eus	bouilli
il	eut	bouilli
n.	eûmes	bouilli
v.	eûtes	bouilli
ils	eurent	bouilli

Futur simple

je	bouillirai
tu	bouilliras
il	bouillira
nous	bouillirons
vous	bouillirez
ils	bouilliront

Futur antérieur

j′	aurai	bouilli
tu	auras	bouilli
il	aura	bouilli
n.	aurons	bouilli
v.	aurez	bouilli
ils	auront	bouilli

SUBJONCTIF

Présent

que je	bouille	
que tu	bouilles	
qu′il	bouille	
que n.	bouillions	
que v.	bouilliez	
qu′ils	bouillent	

Passé

que j′	aie	bouilli
que tu	aies	bouilli
qu′il	ait	bouilli
que n.	ayons	bouilli
que v.	ayez	bouilli
qu′ils	aient	bouilli

Imparfait

que je	bouillisse
que tu	bouillisses
qu′il	bouillît
que n.	bouillissions
que v.	bouillissiez
qu′ils	bouillissent

Plus-que-parfait

que j′	eusse	bouilli
que tu	eusses	bouilli
qu′il	eût	bouilli
que n.	eussions	bouilli
que v.	eussiez	bouilli
qu′ils	eussent	bouilli

IMPERATIF

Présent

bous
bouillons
bouillez

Passé

aie	bouilli
ayons	bouilli
ayez	bouilli

CONDITIONNEL

Présent

je	bouillirais
tu	bouillirais
il	bouillirait
n.	bouillirions
v.	bouilliriez
ils	bouilliraient

Passé 1re forme

j′	aurais	bouilli
tu	aurais	bouilli
il	aurait	bouilli
n.	aurions	bouilli
v.	auriez	bouilli
ils	auraient	bouilli

Passé 2e forme

j′	eusse	bouilli
tu	eusses	bouilli
il	eût	bouilli
n.	eussions	bouilli
v.	eussiez	bouilli
ils	eussent	bouilli

INFINITIF

Présent

bouillir

Passé

avoir bouilli

PARTICIPE

Présent

bouillant

Passé

bouilli, ie
ayant bouilli

■ ■ ■

INDICATIF

Présent		Passé composé		
je	dors	j'	ai	dormi
tu	dors	tu	as	dormi
il	dort	il	a	dormi
nous	dormons	n.	avons	dormi
vous	dormez	v.	avez	dormi
ils	dorment	ils	ont	dormi

Imparfait		Plus-que-parfait		
je	dormais	j'	avais	dormi
tu	dormais	tu	avais	dormi
il	dormait	il	avait	dormi
nous	dormions	n.	avions	dormi
vous	dormiez	v.	aviez	dormi
ils	dormaient	ils	avaient	dormi

Passé simple		Passé antérieur		
je	dormis	j'	eus	dormi
tu	dormis	tu	eus	dormi
il	dormit	il	eut	dormi
nous	dormîmes	n.	eûmes	dormi
vous	dormîtes	v.	eûtes	dormi
ils	dormirent	ils	eurent	dormi

Futur simple		Futur antérieur		
je	dormirai	j'	aurai	dormi
tu	dormiras	tu	auras	dormi
il	dormira	il	aura	dormi
nous	dormirons	n.	aurons	dormi
vous	dormirez	v.	aurez	dormi
ils	dormiront	ils	auront	dormi

SUBJONCTIF

Présent		Passé		
que je	dorme	que j'	aie	dormi
que tu	dormes	que tu	aies	dormi
qu'il	dorme	qu'il	ait	dormi
que n.	dormions	que n.	ayons	dormi
que v.	dormiez	que v.	ayez	dormi
qu'ils	dorment	qu'ils	aient	dormi

Imparfait		Plus-que-parfait		
que je	dormisse	que j'	eusse	dormi
que tu	dormisses	que tu	eusses	dormi
qu'il	dormît	qu'il	eût	dormi
que n.	dormissions	que n.	eussions	dormi
que v.	dormissiez	que v.	eussiez	dormi
qu'ils	dormissent	qu'ils	eussent	dormi

IMPERATIF

Présent	Passé	
dors	aie	dormi
dormons	ayons	dormi
dormez	ayez	dormi

CONDITIONNEL

Présent		Passé 1re forme		
je	dormirais	j'	aurais	dormi
tu	dormirais	tu	aurais	dormi
il	dormirait	il	aurait	dormi
n.	dormirions	n.	aurions	dormi
v.	dormiriez	v.	auriez	dormi
ils	dormiraient	ils	auraient	dormi

Passé 2e forme		
j'	eusse	dormi
tu	eusses	dormi
il	eût	dormi
n.	eussions	dormi
v.	eussiez	dormi
ils	eussent	dormi

INFINITIF

Présent	Passé
dormir	avoir dormi

PARTICIPE

Présent	Passé
dormant	dormi
	ayant dormi

Ainsi se conjuguent **endormir**, **rendormir**.
Ces deux derniers verbes ont le participe passé variable, *endormi, endormie,* alors que le féminin *dormie* est pratiquement inusité.

■ ■ ■

INDICATIF

Présent		**Passé composé**		
je	cours	j'	ai	couru
tu	cours	tu	as	couru
il	court	il	a	couru
nous	courons	n.	avons	couru
vous	courez	v.	avez	couru
ils	courent	ils	ont	couru

Imparfait		**Plus-que-parfait**		
je	courais	j'	avais	couru
tu	courais	tu	avais	couru
il	courait	il	avait	couru
nous	courions	n.	avions	couru
vous	couriez	v.	aviez	couru
ils	couraient	ils	avaient	couru

Passé simple		**Passé antérieur**		
je	courus	j'	eus	couru
tu	courus	tu	eus	couru
il	courut	il	eut	couru
nous	courûmes	n.	eûmes	couru
vous	courûtes	v.	eûtes	couru
ils	coururent	ils	eurent	couru

Futur simple		**Futur antérieur**		
je	courrai	j'	aurai	couru
tu	courras	tu	auras	couru
il	courra	il	aura	couru
nous	courrons	n.	aurons	couru
vous	courrez	v.	aurez	couru
ils	courront	ils	auront	couru

SUBJONCTIF

Présent		**Passé**		
que je	coure	que j'	aie	couru
que tu	coures	que tu	aies	couru
qu'il	coure	qu'il	ait	couru
que n.	courions	que n.	ayons	couru
que v.	couriez	que v.	ayez	couru
qu'ils	courent	qu'ils	aient	couru

Imparfait		**Plus-que-parfait**		
que je	courusse	que j'	eusse	couru
que tu	courusses	que tu	eusses	couru
qu'il	courût	qu'il	eût	couru
que n.	courussions	que n.	eussions	couru
que v.	courussiez	que v.	eussiez	couru
qu'ils	courussent	qu'ils	eussent	couru

IMPERATIF

Présent	**Passé**	
cours	aie	couru
courons	ayons	couru
courez	ayez	couru

CONDITIONNEL

Présent		**Passé 1re forme**		
je	courrais	j'	aurais	couru
tu	courrais	tu	aurais	couru
il	courrait	il	aurait	couru
n.	courrions	n.	aurions	couru
v.	courriez	v.	auriez	couru
ils	courraient	ils	auraient	couru

Passé 2e forme

j'	eusse	couru
tu	eusses	couru
il	eût	couru
n.	eussions	couru
v.	eussiez	couru
ils	eussent	couru

INFINITIF

Présent	**Passé**
courir	avoir couru

PARTICIPE

Présent	**Passé**
courant	couru, ue
	ayant couru

Ainsi se conjuguent les composés de **courir** (page 118).
Remarquer les deux **r** du futur et du conditionnel présent : *je courrai, je courrais.*

■ ■ ■

INDICATIF

Présent

je	meurs	je	suis	mort
tu	meurs	tu	es	mort
il	meurt	il	est	mort
nous	mourons	n.	sommes	morts
vous	mourez	v.	êtes	morts
ils	meurent	ils	sont	morts

Passé composé

Imparfait

je	mourais	j'	étais	mort
tu	mourais	tu	étais	mort
il	mourait	il	était	mort
nous	mourions	n.	étions	morts
vous	mouriez	v.	étiez	morts
ils	mouraient	ils	étaient	morts

Plus-que-parfait

Passé simple

je	mourus	je	fus	mort
tu	mourus	tu	fus	mort
il	mourut	il	fut	mort
nous	mourûmes	n.	fûmes	morts
vous	mourûtes	v.	fûtes	morts
ils	moururent	ils	furent	morts

Passé antérieur

Futur simple

je	mourrai	je	serai	mort
tu	mourras	tu	seras	mort
il	mourra	il	sera	mort
nous	mourrons	n.	serons	morts
vous	mourrez	v.	serez	morts
ils	mourront	ils	seront	morts

Futur antérieur

SUBJONCTIF

Présent

que je	meure	que je	sois	mort
que tu	meures	que tu	sois	mort
qu'il	meure	qu'il	soit	mort
que n.	mourions	que n.	soyons	morts
que v.	mouriez	que v.	soyez	morts
qu'ils	meurent	qu'ils	soient	morts

Passé

Imparfait

que je	mourusse	que je	fusse	mort
que tu	mourusses	que tu	fusses	mort
qu'il	mourût	qu'il	fût	mort
que n.	mourussions	que n.	fussions	morts
que v.	mourussiez	que v.	fussiez	morts
qu'ils	mourussent	qu'ils	fussent	morts

Plus-que-parfait

IMPERATIF

Présent

meurs	
mourons	
mourez	

Passé

sois	mort
soyons	morts
soyez	morts

CONDITIONNEL

Présent

je	mourrais	je	serais	mort
tu	mourrais	tu	serais	mort
il	mourrait	il	serait	mort
n.	mourrions	n.	serions	morts
v.	mourriez	v.	seriez	morts
ils	mourraient	ils	seraient	morts

Passé 1re forme

Passé 2e forme

je	fusse	mort
tu	fusses	mort
il	fût	mort
n.	fussions	morts
v.	fussiez	morts
ils	fussent	morts

INFINITIF

Présent

mourir

Passé

être mort

PARTICIPE

Présent

mourant

Passé

mort, te
étant mort

Remarquer le redoublement de l'**r** au futur et au conditionnel présent : *Je mourrai, je mourrais,* et l'emploi de l'auxiliaire **être** dans les temps composés.

35 VERBE **SERVIR**

INDICATIF

Présent		Passé composé		
je	sers	j'	ai	servi
tu	sers	tu	as	servi
il	sert	il	a	servi
nous	servons	n.	avons	servi
vous	servez	v.	avez	servi
ils	servent	ils	ont	servi

Imparfait		Plus-que-parfait		
jc	servais	j'	avais	servi
tu	servais	tu	avais	servi
il	servait	il	avait	servi
nous	servions	n.	avions	servi
vous	serviez	v.	aviez	servi
ils	servaient	ils	avaient	servi

Passé simple		Passé antérieur		
je	servis	j'	eus	servi
tu	servis	tu	eus	servi
il	servit	il	eut	servi
nous	servîmes	n.	eûmes	servi
vous	servîtes	v.	eûtes	servi
ils	servirent	ils	eurent	servi

Futur simple		Futur antérieur		
je	servirai	j'	aurai	servi
tu	serviras	tu	auras	servi
il	servira	il	aura	servi
nous	servirons	n.	aurons	servi
vous	servirez	v.	aurez	servi
ils	serviront	ils	auront	servi

SUBJONCTIF

Présent		Passé		
que je	serve	que j'	aie	servi
que tu	serves	que tu	aies	servi
qu'il	serve	qu'il	ait	servi
que n.	servions	que n.	ayons	servi
que v.	serviez	que v.	ayez	servi
qu'ils	servent	qu'ils	aient	servi

Imparfait		Plus-que-parfait		
que je	servisse	que j'	eusse	servi
que tu	servisses	que tu	eusses	servi
qu'il	servît	qu'il	eût	servi
que n.	servissions	que n.	eussions	servi
que v.	servissiez	que v.	eussiez	servi
qu'ils	servissent	qu'ils	eussent	servi

IMPERATIF

Présent	Passé	
sers	aie	servi
servons	ayons	servi
servez	ayez	servi

CONDITIONNEL

Présent		Passé 1re forme		
je	servirais	j'	aurais	servi
tu	servirais	tu	aurais	servi
il	servirait	il	aurait	servi
n.	servirions	n.	aurions	servi
v.	serviriez	v.	auriez	servi
ils	serviraient	ils	auraient	servi

Passé 2e forme		
j'	eusse	servi
tu	eusses	servi
il	eût	servi
n.	eussions	servi
v.	eussiez	servi
ils	eussent	servi

INFINITIF

Présent	Passé
servir	avoir servi

PARTICIPE

Présent	Passé
servant	servi, ie
	ayant servi

Ainsi se conjuguent **desservir, resservir**. Mais **asservir** se conjugue sur **finir**.

INDICATIF

Présent

je	fuis
tu	fuis
il	fuit
nous	fuyons
vous	fuyez
ils	fuient

Passé composé

j'	ai	fui
tu	as	fui
il	a	fui
n.	avons	fui
v.	avez	fui
ils	ont	fui

Imparfait

je	fuyais
tu	fuyais
il	fuyait
nous	fuyions
vous	fuyiez
ils	fuyaient

Plus-que-parfait

j'	avais	fui
tu	avais	fui
il	avait	fui
n.	avions	fui
v.	aviez	fui
ils	avaient	fui

Passé simple

je	fuis
tu	fuis
il	fuit
nous	fuîmes
vous	fuîtes
ils	fuirent

Passé antérieur

j'	eus	fui
tu	eus	fui
il	eut	fui
n.	eûmes	fui
v.	eûtes	fui
ils	eurent	fui

Futur simple

je	fuirai
tu	fuiras
il	fuira
nous	fuirons
vous	fuirez
ils	fuiront

Futur antérieur

j'	aurai	fui
tu	auras	fui
il	aura	fui
n.	aurons	fui
v.	aurez	fui
ils	auront	fui

SUBJONCTIF

Présent

que je	fuie
que tu	fuies
qu'il	fuie
que n.	fuyions
que v.	fuyiez
qu'ils	fuient

Passé

que j'	aie	fui
que tu	aies	fui
qu'il	ait	fui
que n.	ayons	fui
que v.	ayez	fui
qu'ils	aient	fui

Imparfait

que je	fuisse
que tu	fuisses
qu'il	fuît
que n.	fuissions
que v.	fuissiez
qu'ils	fuissent

Plus-que-parfait

que j'	eusse	fui
que tu	eusses	fui
qu'il	eût	fui
que n.	eussions	fui
que v.	eussiez	fui
qu'ils	eussent	fui

IMPERATIF

Présent

fuis
fuyons
fuyez

Passé

aie	fui
ayons	fui
ayez	fui

CONDITIONNEL

Présent

je	fuirais
tu	fuirais
il	fuirait
n.	fuirions
v.	fuiriez
ils	fuiraient

Passé 1re forme

j'	aurais	fui
tu	aurais	fui
il	aurait	fui
n.	aurions	fui
v.	auriez	fui
ils	auraient	fui

Passé 2e forme

j'	eusse	fui
tu	eusses	fui
il	eût	fui
n.	eussions	fui
v.	eussiez	fui
ils	eussent	fui

INFINITIF

Présent

fuir

Passé

avoir fui

PARTICIPE

Présent

fuyant

Passé

fui, ie
ayant fui

Ainsi se conjugue **s'enfuir.**

37 VERBE OUÏR

■ ■ ■

INDICATIF		SUBJONCTIF	
Présent	**Passé composé**	**Présent**	**Passé**
j' ois	j' ai ouï	que j' oie	que j' aie ouï
tu ois		que tu oies	
il oit		qu'il oie	
nous oyons		que n. oyions	
vous oyez		que v. oyiez	
ils oient		qu'ils oient	
Imparfait	**Plus-que-parfait**	**Imparfait**	**Plus-que-parfait**
j' oyais	j' avais ouï	que j' ouïsse	que j' eusse ouï

		CONDITIONNEL	IMPERATIF
Passé simple	**Passé antérieur**	**Présent**	**Présent**
j' ouïs	j' eus ouï	j'ouïrais	ois
		j'orrais	oyons
Futur simple	**Futur antérieur**	j'oirais	oyez
j' ouïrai	j' aurai ouï		
j' orrai		**Passé 1re forme**	
j' oirai		j'aurais ouï	

INFINITIF		PARTICIPE	
Présent	**Passé**	**Présent**	**Passé**
ouïr	avoir ouï	oyant	ouï, ïe ayant ouï

Le verbe **ouïr** a définitivement cédé la place à **entendre.** Il n'est plus employé qu'à l'infinitif et dans l'expression *«par ouï-dire»*. La conjugaison archaïque est donnée ci-dessus en italique, excepté pour les formes qui se sont maintenues le plus longtemps. A noter le futur *j'ouïrai*, refait d'après l'infinitif sur le modèle de : **sentir, je sentirai.**

VERBE GÉSIR

Ce verbe, qui signifie : *être couché,* n'est plus d'usage qu'aux formes ci-après :

INDICATIF		PARTICIPE
Présent	**Imparfait**	**Présent**
je gis	je gisais	gisant
tu gis	tu gisais	
il gît	il gisait	
nous gisons	n. gisions	
vous gisez	v. gisiez	
ils gisent	ils gisaient	

On n'emploie guère le verbe **gésir** qu'en parlant des personnes malades ou mortes, et de choses renversées par le temps ou la destruction : *Nous* **gisions** *tous les deux sur le pavé d'un cachot, malades et privés de secours. Son cadavre* **gît** *maintenant dans le tombeau. Des colonnes* **gisant** *éparses* (Académie). Cf. l'inscription funéraire : *ci-gît.*

■ ■ ■

INDICATIF

Présent

je	reçois
tu	reçois
il	reçoit
nous	recevons
vous	recevez
ils	reçoivent

Passé composé

j'	ai	reçu
tu	as	reçu
il	a	reçu
n.	avons	reçu
v.	avez	reçu
ils	ont	reçu

Imparfait

je	recevais
tu	recevais
il	recevait
nous	recevions
vous	receviez
ils	recevaient

Plus-que-parfait

j'	avais	reçu
tu	avais	reçu
il	avait	reçu
n.	avions	reçu
v.	aviez	reçu
ils	avaient	reçu

Passé simple

je	reçus
tu	reçus
il	reçut
nous	reçûmes
vous	reçûtes
ils	reçurent

Passé antérieur

j'	eus	reçu
tu	eus	reçu
il	eut	reçu
n.	eûmes	reçu
v.	eûtes	reçu
ils	eurent	reçu

Futur simple

je	recevrai
tu	recevras
il	recevra
nous	recevrons
vous	recevrez
ils	recevront

Futur antérieur

j'	aurai	reçu
tu	auras	reçu
il	aura	reçu
n.	aurons	reçu
v.	aurez	reçu
ils	auront	reçu

SUBJONCTIF

Présent

que je	reçoive
que tu	reçoives
qu'il	reçoive
que n.	recevions
que v.	receviez
qu'ils	reçoivent

Passé

que j'	aie	reçu
que tu	aies	reçu
qu'il	ait	reçu
que n.	ayons	reçu
que v.	ayez	reçu
qu'ils	aient	reçu

Imparfait

que je	reçusse
que tu	reçusses
qu'il	reçût
que n.	reçussions
que v.	reçussiez
qu'ils	reçussent

Plus-que-parfait

que j'	eusse	reçu
que tu	eusses	reçu
qu'il	eût	reçu
que n.	eussions	reçu
que v.	eussiez	reçu
qu'ils	eussent	reçu

IMPERATIF

Présent

reçois
recevons
recevez

Passé

aie	reçu
ayons	reçu
ayez	reçu

CONDITIONNEL

Présent

je	recevrais
tu	recevrais
il	recevrait
n.	recevrions
v.	recevriez
ils	recevraient

Passé 1re forme

j'	aurais	reçu
tu	aurais	reçu
il	aurait	reçu
n.	aurions	reçu
v.	auriez	reçu
ils	auraient	reçu

Passé 2e forme

j'	eusse	reçu
tu	eusses	reçu
il	eût	reçu
n.	eussions	reçu
v.	eussiez	reçu
ils	eussent	reçu

INFINITIF

Présent
recevoir

Passé
avoir reçu

PARTICIPE

Présent
recevant

Passé
reçu, ue
ayant reçu

La cédille est placée sous le **c** chaque fois qu'il précède un **o** ou un **u**.
Ainsi se conjuguent **apercevoir, concevoir, décevoir, percevoir**.

■■■

INDICATIF

Présent		Passé composé	
je	vois	j'	ai vu
tu	vois	tu	as vu
il	voit	il	a vu
nous	voyons	n.	avons vu
vous	voyez	v.	avez vu
ils	voient	ils	ont vu

Imparfait		Plus-que-parfait	
je	voyais	j'	avais vu
tu	voyais	tu	avais vu
il	voyait	il	avait vu
nous	voyions	n.	avions vu
vous	voyiez	v.	aviez vu
ils	voyaient	ils	avaient vu

Passé simple		Passé antérieur	
je	vis	j'	eus vu
tu	vis	tu	eus vu
il	vit	il	eut vu
nous	vîmes	n.	eûmes vu
vous	vîtes	v.	eûtes vu
ils	virent	ils	eurent vu

Futur simple		Futur antérieur	
je	verrai	j'	aurai vu
tu	verras	tu	auras vu
il	verra	il	aura vu
nous	verrons	n.	aurons vu
vous	verrez	v.	aurez vu
ils	verront	ils	auront vu

INFINITIF

Présent	Passé
voir	avoir vu

SUBJONCTIF

Présent		Passé	
que je	voie	que j'	aie vu
que tu	voies	que tu	aies vu
qu'il	voie	qu'il	ait vu
que n.	voyions	que n.	ayons vu
que v.	voyiez	que v.	ayez vu
qu'ils	voient	qu'ils	aient vu

Imparfait		Plus-que-parfait	
que je	visse	que j'	eusse vu
que tu	visses	que tu	eusses vu
qu'il	vît	qu'il	eût vu
que n.	vissions	que n.	eussions vu
que v.	vissiez	que v.	eussiez vu
qu'ils	vissent	qu'ils	eussent vu

IMPERATIF

Présent	Passé	
vois	aie	vu
voyons	ayons	vu
voyez	ayez	vu

CONDITIONNEL

Présent		Passé 1re forme	
je	verrais	j'	aurais vu
tu	verrais	tu	aurais vu
il	verrait	il	aurait vu
n.	verrions	n.	aurions vu
v.	verriez	v.	auriez vu
ils	verraient	ils	auraient vu

PARTICIPE

Présent	Passé
voyant	vu, ue
	ayant vu

Passé 2e forme		
j'	eusse	vu
tu	eusses	vu
il	eût	vu
n.	eussions	vu
v.	eussiez	vu
ils	eussent	vu

Ainsi se conjuguent **entrevoir, revoir, prévoir.**
Ce dernier fait au futur et au conditionnel présent : *je prévoirai... je prévoirais...*

■ ■ ■

INDICATIF

Présent		Passé composé	
je pourvois	j'	ai	pourvu
tu pourvois	tu	as	pourvu
il pourvoit	il	a	pourvu
n. pourvoyons	n.	avons	pourvu
v. pourvoyez	v.	avez	pourvu
ils pourvoient	ils	ont	pourvu

Imparfait		Plus-que-parfait	
je pourvoyais	j'	avais	pourvu
tu pourvoyais	tu	avais	pourvu
il pourvoyait	il	avait	pourvu
n. pourvoyions	n.	avions	pourvu
v. pourvoyiez	v.	aviez	pourvu
ils pourvoyaient	ils	avaient	pourvu

Passé simple		Passé antérieur	
je pourvus	j'	eus	pourvu
tu pourvus	tu	eus	pourvu
il pourvut	il	eut	pourvu
n. pourvûmes	n.	eûmes	pourvu
v. pourvûtes	v.	eûtes	pourvu
ils pourvurent	ils	eurent	pourvu

Futur simple		Futur antérieur	
je pourvoirai	j'	aurai	pourvu
tu pourvoiras	tu	auras	pourvu
il pourvoira	il	aura	pourvu
n. pourvoirons	n.	aurons	pourvu
v. pourvoirez	v.	aurez	pourvu
ils pourvoiront	ils	auront	pourvu

SUBJONCTIF

Présent		Passé	
que je pourvoie	que j'	aie	pourvu
que tu pourvoies	que tu	aies	pourvu
qu'il pourvoie	qu'il	ait	pourvu
que n. pourvoyions	que n.	ayons	pourvu
que v. pourvoyiez	que v.	ayez	pourvu
qu'ils pourvoient	qu'ils	aient	pourvu

Imparfait		Plus-que-parfait	
que je pourvusse	que j'	eusse	pourvu
que tu pourvusses	que tu	eusses	pourvu
qu'il pourvût	qu'il	eût	pourvu
que n. pourvussions	que n.	eussions	pourvu
que v. pourvussiez	que v.	eussiez	pourvu
qu'ils pourvussent	qu'ils	eussent	pourvu

IMPERATIF

Présent	Passé	
pourvois	aie	pourvu
pourvoyons	ayons	pourvu
pourvoyez	ayez	pourvu

CONDITIONNEL

Présent		Passé 1re forme	
je pourvoirais	j'	aurais	pourvu
tu pourvoirais	tu	aurais	pourvu
il pourvoirait	il	aurait	pourvu
n. pourvoirions	n.	aurions	pourvu
v. pourvoiriez	v.	auriez	pourvu
ils pourvoiraient	ils	auraient	pourvu

INFINITIF

Présent	Passé
pourvoir	avoir pourvu

PARTICIPE

Présent	Passé
pourvoyant	pourvu, ue
	ayant pourvu

Passé 2e forme

j'	eusse	pourvu
tu	eusses	pourvu
il	eût	pourvu
n.	eussions	pourvu
v.	eussiez	pourvu
ils	eussent	pourvu

Pourvoir se conjugue comme le verbe simple **voir** (tableau 39) sauf au futur et au conditionnel : *je pourvoirai, je pourvoirais;* au passé simple et au subjonctif imparfait : *je pourvus, que je pourvusse.*

Dépourvoir s'emploie rarement, et seulement au passé simple, à l'infinitif, au participe passé et aux temps composés : *Il le dépourvut de tout.* On l'utilise surtout à la forme pronominale : *Je me suis dépourvu de tout.*

VERBE **SAVOIR**

■ ■ ■

INDICATIF				SUBJONCTIF					

INDICATIF

Présent		**Passé composé**		
je	sais	j'	ai	su
tu	sais	tu	as	su
il	sait	il	a	su
nous	savons	n.	avons	su
vous	savez	v.	avez	su
ils	savent	ils	ont	su

Imparfait		**Plus-que-parfait**		
je	savais	j'	avais	su
tu	savais	tu	avais	su
il	savait	il	avait	su
nous	savions	n.	avions	su
vous	saviez	v.	aviez	su
ils	savaient	ils	avaient	su

Passé simple		**Passé antérieur**		
je	sus	j'	eus	su
tu	sus	tu	eus	su
il	sut	il	eut	su
nous	sûmes	n.	eûmes	su
vous	sûtes	v.	eûtes	su
ils	surent	ils	eurent	su

Futur simple		**Futur antérieur**		
je	saurai	j'	aurai	su
tu	sauras	tu	auras	su
il	saura	il	aura	su
nous	saurons	n.	aurons	su
vous	saurez	v.	aurez	su
ils	sauront	ils	auront	su

SUBJONCTIF

Présent		**Passé**		
que je	sache	que j'	aie	su
que tu	saches	que tu	aies	su
qu'il	sache	qu'il	ait	su
que n.	sachions	que n.	ayons	su
que v.	sachiez	que v.	ayez	su
qu'ils	sachent	qu'ils	aient	su

Imparfait		**Plus-que-parfait**		
que je	susse	que j'	eusse	su
que tu	susses	que tu	eusses	su
qu'il	sût	qu'il	eût	su
que n.	sussions	que n.	eussions	su
que v.	sussiez	que v.	eussiez	su
qu'ils	sussent	qu'ils	eussent	su

IMPERATIF

Présent	**Passé**	
sache	aie	su
sachons	ayons	su
sachez	ayez	su

CONDITIONNEL

Présent		**Passé 1re forme**		
je	saurais	j'	aurais	su
tu	saurais	tu	aurais	su
il	saurait	il	aurait	su
n.	saurions	n.	aurions	su
v.	sauriez	v.	auriez	su
ils	sauraient	ils	auraient	su

INFINITIF

Présent	**Passé**
savoir	avoir su

PARTICIPE

Présent	**Passé**
sachant	su, ue
	ayant su

Passé 2e forme		
j'	eusse	su
tu	eusses	su
il	eût	su
n.	eussions	su
v.	eussiez	su
ils	eussent	su

À noter l'emploi curieux du subjonctif dans les expressions : **je ne sache pas** *qu'il soit venu; il n'est pas venu*, **que je sache.**

■ ■ ■

INDICATIF

Présent		Passé composé		
je	dois	j'	ai	dû
tu	dois	tu	as	dû
il	doit	il	a	dû
nous	devons	n.	avons	dû
vous	devez	v.	avez	dû
ils	doivent	ils	ont	dû

Imparfait		Plus-que-parfait		
je	devais	j'	avais	dû
tu	devais	tu	avais	dû
il	devait	il	avait	dû
nous	devions	n.	avions	dû
vous	deviez	v.	aviez	dû
ils	devaient	ils	avaient	dû

Passé simple		Passé antérieur		
je	dus	j'	eus	dû
tu	dus	tu	eus	dû
il	dut	il	eut	dû
nous	dûmes	n.	eûmes	dû
vous	dûtes	v.	eûtes	dû
ils	durent	ils	eurent	dû

Futur simple		Futur antérieur		
je	devrai	j'	aurai	dû
tu	devras	tu	auras	dû
il	devra	il	aura	dû
nous	devrons	n.	aurons	dû
vous	devrez	v.	aurez	dû
ils	devront	ils	auront	dû

SUBJONCTIF

Présent		Passé		
que je	doive	que j'	aie	dû
que tu	doives	que tu	aies	dû
qu'il	doive	qu'il	ait	dû
que n.	devions	que n.	ayons	dû
que v.	deviez	que v.	ayez	dû
qu'ils	doivent	qu'ils	aient	dû

Imparfait		Plus-que-parfait		
que je	dusse	que j'	eusse	dû
que tu	dusses	que tu	eusses	dû
qu'il	dût	qu'il	eût	dû
que n.	dussions	que n.	eussions	dû
que v.	dussiez	que v.	eussiez	dû
qu'ils	dussent	qu'ils	eussent	dû

IMPERATIF

Présent	Passé	
dois	aie	dû
devons	ayons	dû
devez	ayez	dû

CONDITIONNEL

Présent		Passé 1re forme		
je	devrais	j'	aurais	dû
tu	devrais	tu	aurais	dû
il	devrait	il	aurait	dû
n.	devrions	n.	aurions	dû
v.	devriez	v.	auriez	dû
ils	devraient	ils	auraient	dû

Passé 2e forme

j'	eusse	dû
tu	eusses	dû
il	eût	dû
n.	eussions	dû
v.	eussiez	dû
ils	eussent	dû

INFINITIF

Présent	Passé
devoir	avoir dû

PARTICIPE

Présent	Passé
devant	dû, ue
	ayant dû

Ainsi se conjuguent **devoir** et **redevoir** qui prennent un accent circonflexe au participe passé *masculin singulier* seulement : *dû, redû*. Mais on écrit sans accent : *due, dus, dues; redue, redus, redues.* L'impératif est peu usité.

43

VERBE POUVOIR *to be able to*

INDICATIF

Présent		Passé composé		
je	peux	j'	ai	pu
ou je	puis	tu	as	pu
tu	peux	il	a	pu
il	peut	n.	avons	pu
nous	pouvons	v.	avez	pu
vous	pouvez	ils	ont	pu
ils	peuvent			

Imparfait		Plus-que-parfait		
je	pouvais	j'	avais	pu
tu	pouvais	tu	avais	pu
il	pouvait	il	avait	pu
nous	pouvions	n.	avions	pu
vous	pouviez	v.	aviez	pu
ils	pouvaient	ils	avaient	pu

Passé simple		Passé antérieur		
je	pus	j'	eus	pu
tu	pus	tu	eus	pu
il	put	il	eut	pu
nous	pûmes	n.	eûmes	pu
vous	pûtes	v.	eûtes	pu
ils	purent	ils	eurent	pu

Futur simple		Futur antérieur		
je	pourrai	j'	aurai	pu
tu	pourras	tu	auras	pu
il	pourra	il	aura	pu
nous	pourrons	n.	aurons	pu
vous	pourrez	v.	aurez	pu
ils	pourront	ils	auront	pu

SUBJONCTIF

Présent		Passé		
que je	puisse	que j'	aie	pu
que tu	puisses	que tu	aies	pu
qu'il	puisse	qu'il	ait	pu
que n.	puissions	que n.	ayons	pu
que v.	puissiez	que v.	ayez	pu
qu'ils	puissent	qu'ils	aient	pu

Imparfait		Plus-que-parfait		
que je	pusse	que j'	eusse	pu
que tu	pusses	que tu	eusses	pu
qu'il	pût	qu'il	eût	pu
que n.	pussions	que n.	eussions	pu
que v.	pussiez	que v.	eussiez	pu
qu'ils	pussent	qu'ils	eussent	pu

IMPERATIF

Présent	Passé
pas d'impératif	

CONDITIONNEL

Présent		Passé 1re forme		
je	pourrais	j'	aurais	pu
tu	pourrais	tu	aurais	pu
il	pourrait	il	aurait	pu
n.	pourrions	n.	aurions	pu
v.	pourriez	v.	auriez	pu
ils	pourraient	ils	auraient	pu

Passé 2e forme		
j'	eusse	pu
tu	eusses	pu
il	eût	pu
n.	eussions	pu
v.	eussiez	pu
ils	eussent	pu

INFINITIF

Présent	Passé
pouvoir	avoir pu

PARTICIPE

Présent	Passé
pouvant	pu
	ayant pu

Le verbe **pouvoir** prend deux **r** au futur et au présent du conditionnel, mais, à la différence de **mourir** et **courir,** on n'en prononce qu'un. *Je puis* semble d'un emploi plus distingué que *je peux.* On ne dit pas : *peux-je?* mais *puis-je? Il se peut que* se dit pour *il peut se faire que* au sens de *il peut arriver que, il est possible que,* et cette formule se construit alors normalement avec le subjonctif.

INDICATIF

Présent		**Passé composé**	
je	meus	j'	ai	mû
tu	meus	tu	as	mû
il	meut	il	a	mû
nous	mouvons	n.	avons	mû
vous	mouvez	v.	avez	mû
ils	meuvent	ils	ont	mû

Imparfait		**Plus-que-parfait**	
je	mouvais	j'	avais	mû
tu	mouvais	tu	avais	mû
il	mouvait	il	avait	mû
nous	mouvions	n.	avions	mû
vous	mouviez	v.	aviez	mû
ils	mouvaient	ils	avaient	mû

Passé simple		**Passé antérieur**	
je	mus	j'	eus	mû
tu	mus	tu	eus	mû
il	mut	il	eut	mû
nous	mûmes	n.	eûmes	mû
vous	mûtes	v.	eûtes	mû
ils	murent	ils	eurent	mû

Futur simple		**Futur antérieur**	
je	mouvrai	j'	aurai	mû
tu	mouvras	tu	auras	mû
il	mouvra	il	aura	mû
nous	mouvrons	n.	aurons	mû
vous	mouvrez	v.	aurez	mû
ils	mouvront	ils	auront	mû

SUBJONCTIF

Présent		**Passé**	
que je	meuve	que j'	aie	mû
que tu	meuves	que tu	aies	mû
qu'il	meuve	qu'il	ait	mû
que n.	mouvions	que n.	ayons	mû
que v.	mouviez	que v.	ayez	mû
qu'ils	meuvent	qu'ils	aient	mû

Imparfait		**Plus-que-parfait**	
que je	musse	que j'	eusse	mû
que tu	musses	que tu	eusses	mû
qu'il	mût	qu'il	eût	mû
que n.	mussions	que n.	eussions	mû
que v.	mussiez	que v.	eussiez	mû
qu'ils	mussent	qu'ils	eussent	mû

IMPERATIF

Présent	**Passé**	
meus	aie	mû
mouvons	ayons	mû
mouvez	ayez	mû

CONDITIONNEL

Présent		**Passé 1re forme**	
je	mouvrais	j'	aurais	mû
tu	mouvrais	tu	aurais	mû
il	mouvrait	il	aurait	mû
n.	mouvrions	n.	aurions	mû
v.	mouvriez	v.	auriez	mû
ils	mouvraient	ils	auraient	mû

Passé 2e forme

j'	eusse	mû
tu	eusses	mû
il	eût	mû
n.	eussions	mû
v.	eussiez	mû
ils	eussent	mû

INFINITIF

Présent	**Passé**
mouvoir	avoir mû

PARTICIPE

Présent	**Passé**
mouvant	mû, ue
	ayant mû

Émouvoir se conjugue sur **mouvoir,** mais son participe passé masculin singulier *ému* ne prend pas d'accent circonflexe.

Promouvoir se conjugue comme **mouvoir,** mais son participe *promu* ne prend pas d'accent circonflexe au masculin singulier. Ce verbe ne s'emploie guère qu'à l'infinitif, au participe passé et aux temps composés. L'acception publicitaire et commerciale favorise depuis peu les autres formes.

45

VERBE IMPERSONNEL **PLEUVOIR**

INDICATIF		SUBJONCTIF	
Présent	*Passé composé*	*Présent*	*Passé*
il pleut	il a plu	qu'il pleuve	qu'il ait plu
Imparfait	*Plus-que-parfait*	*Imparfait*	*Plus-que-parfait*
il pleuvait	il avait plu	qu'il plût	qu'il eût plu

Passé simple	Passé antérieur
Passé simple	*Passé antérieur*
il plut	il eut plu

IMPERATIF

pas d'impératif

Futur simple	*Futur antérieur*
il pleuvra	il aura plu

CONDITIONNEL

Présent	*Passé 1re forme*
il pleuvrait	il aurait plu

INFINITIF		PARTICIPE		*Passé 2e forme*
Présent	*Passé*	*Présent*	*Passé*	il eût plu
pleuvoir	avoir plu	pleuvant	plu ayant plu	

Nota. Quoique impersonnel, ce verbe s'emploie au pluriel, mais dans le sens figuré : **Les coups de fusil** *pleuvent*, **les sarcasmes** *pleuvent* **sur lui, les honneurs** *pleuvaient* **sur sa personne**. De même, son participe présent ne s'emploie qu'au sens figuré : *les coups pleuvant sur lui...*

INDICATIF		**SUBJONCTIF**	
Présent	*Passé composé*	*Présent*	*Passé*
il faut	il a fallu	qu'il faille	qu'il ait fallu
Imparfait	*Plus-que-parfait*	*Imparfait*	*Plus-que-parfait*
il fallait	il avait fallu	qu'il fallût	qu'il eût fallu
Passé simple	*Passé antérieur*	**IMPERATIF**	
il fallut	il eut fallu	*pas d'impératif*	
Futur simple	*Futur antérieur*	**CONDITIONNEL**	
il faudra	il aura fallu	*Présent*	*Passé 1re forme*
		il faudrait	il aurait fallu

INFINITIF	**PARTICIPE**	*Passé 2e forme*
Présent	*Passé*	il eût fallu
falloir	fallu	

Dans les expressions : *il s'en faut de beaucoup, tant s'en faut, peu s'en faut,* la forme **faut**
vient non de **falloir,** mais de **faillir,** au sens de *manquer, faire défaut.*

47 VERBE **VALOIR**

■ ■ ■

INDICATIF

Présent		**Passé composé**	
je	vaux	j' ai	valu
tu	vaux	tu as	valu
il	vaut	il a	valu
nous	valons	n. avons	valu
vous	valez	v. avez	valu
ils	valent	ils ont	valu

Imparfait		**Plus-que-parfait**	
je	valais	j' avais	valu
tu	valais	tu avais	valu
il	valait	il avait	valu
nous	valions	n. avions	valu
vous	valiez	v. aviez	valu
ils	valaient	ils avaient	valu

Passé simple		**Passé antérieur**	
je	valus	j' eus	valu
tu	valus	tu eus	valu
il	valut	il eut	valu
nous	valûmes	n. eûmes	valu
vous	valûtes	v. eûtes	valu
ils	valurent	ils eurent	valu

Futur simple		**Futur antérieur**	
je	vaudrai	j' aurai	valu
tu	vaudras	tu auras	valu
il	vaudra	il aura	valu
nous	vaudrons	n. aurons	valu
vous	vaudrez	v. aurez	valu
ils	vaudront	ils auront	valu

SUBJONCTIF

Présent		**Passé**	
que je	vaille	que j'	aie	valu
que tu	vailles	que tu	aies	valu
qu'il	vaille	qu'il	ait	valu
que n.	valions	que n.	ayons	valu
que v.	valiez	que v.	ayez	valu
qu'ils	vaillent	qu'ils	aient	valu

Imparfait		**Plus-que-parfait**	
que je	valusse	que j'	eusse	valu
que tu	valusses	que tu	eusses	valu
qu'il	valût	qu'il	eût	valu
que n.	valussions	que n.	eussions	valu
que v.	valussiez	que v.	eussiez	valu
qu'ils	valussent	qu'ils	eussent	valu

IMPERATIF

Présent	**Passé**	
vaux	aie	valu
valons	ayons	valu
valez	ayons	valu

CONDITIONNEL

Présent	**Passé 1re forme**	
je vaudrais	j' aurais	valu
tu vaudrais	tu aurais	valu
il vaudrait	il aurait	valu
n. vaudrions	n. aurions	valu
v. vaudriez	v. auriez	valu
ils vaudraient	ils auraient	valu

Passé 2e forme	
j' eusse	valu
tu eusses	valu
il eût	valu
n. eussions	valu
v. eussiez	valu
ils eussent	valu

INFINITIF

Présent	**Passé**
valoir	avoir valu

PARTICIPE

Présent	**Passé**
valant	valu, ue
	ayant valu

Ainsi se conjuguent **équivaloir, prévaloir, revaloir,** mais au subjonctif présent **prévaloir** fait : *que je prévale... que nous prévalions...*
Il ne faut pas que la coutume prévale sur la raison (Ac.).
À la forme pronominale, le participe passé s'accorde : *Elle s'est prévalue de ses droits.*

■■■

INDICATIF

Présent			Passé composé		
je	veux		j'	ai	voulu
tu	veux		tu	as	voulu
il	veut		il	a	voulu
nous	voulons		n.	avons	voulu
vous	voulez		v.	avez	voulu
ils	veulent		ils	ont	voulu

Imparfait			Plus-que-parfait		
je	voulais		j'	avais	voulu
tu	voulais		tu	avais	voulu
il	voulait		il	avait	voulu
nous	voulions		n.	avions	voulu
vous	vouliez		v.	aviez	voulu
ils	voulaient		ils	avaient	voulu

Passé simple			Passé antérieur		
je	voulus		j'	eus	voulu
tu	voulus		tu	eus	voulu
il	voulut		il	eut	voulu
nous	voulûmes		n.	eûmes	voulu
vous	voulûtes		v.	eûtes	voulu
ils	voulurent		ils	eurent	voulu

Futur simple			Futur antérieur		
je	voudrai		j'	aurai	voulu
tu	voudras		tu	auras	voulu
il	voudra		il	aura	voulu
nous	voudrons		n.	aurons	voulu
vous	voudrez		v.	aurez	voulu
ils	voudront		ils	auront	voulu

SUBJONCTIF

Présent			Passé		
que je	veuille		que j'	aie	voulu
que tu	veuilles		que tu	aies	voulu
qu'il	veuille		qu'il	ait	voulu
que n.	voulions		que n.	ayons	voulu
que v.	vouliez		que v.	ayez	voulu
qu'ils	veuillent		qu'ils	aient	voulu

Imparfait			Plus-que-parfait		
que je	voulusse		que j'	eusse	voulu
que tu	voulusses		que tu	eusses	voulu
qu'il	voulût		qu'il	eût	voulu
que n.	voulussions		que n.	eussions	voulu
que v.	voulussiez		que v.	eussiez	voulu
qu'ils	voulussent		qu'ils	eussent	voulu

IMPERATIF

Présent	Passé	
veux (veuille)	aie	voulu
voulons	ayons	voulu
voulez (veuillez)	ayez	voulu

CONDITIONNEL

Présent		Passé 1re forme		
je	voudrais	j'	aurais	voulu
tu	voudrais	tu	aurais	voulu
il	voudrait	il	aurait	voulu
n.	voudrions	n.	aurions	voulu
v.	voudriez	v.	auriez	voulu
ils	voudraient	ils	auraient	voulu

INFINITIF

Présent	Passé
vouloir	avoir voulu

PARTICIPE

Présent	Passé
voulant	voulu, ue
	ayant voulu

Passé 2e forme

j'	eusse	voulu
tu	eusses	voulu
il	eût	voulu
n.	eussions	voulu
v.	eussiez	voulu
ils	eussent	voulu

L'impératif *veux, voulons, voulez,* n'est d'usage que dans certaines occasions très rares où l'on engage à s'armer d'une ferme volonté : *Veux donc, malheureux, et tu seras sauvé.* Mais, pour inviter poliment, on dit *veuille, veuillez,* au sens de : *aie, ayez la bonté de : Veuillez agréer mes respectueuses salutations.* Au subjonctif présent, les formes primitives : *que nous voulions, que vous vouliez,* reprennent le pas sur : *que nous veuillions, que vous veuilliez,* senties comme anciennes et recherchées.
Avec le pronom adverbial **en** qui donne à ce verbe le sens de : *avoir du ressentiment,* on trouve couramment : *ne m'en veux pas, ne m'en voulez pas,* alors que la langue littéraire préfère *ne m'en veuille pas, ne m'en veuillez pas.*

VERBE **ASSEOIR**

■ ■ ■

INDICATIF

Présent

j'	assieds
tu	assieds
il	assied
nous	asseyons
vous	asseyez
ils	asseyent

Futur simple

j'	assiérai
tu	assiéras
il	assiéra
n.	assiérons
v.	assiérez
ils	assiéront

ou

j'	assois
tu	assois
il	assoit
nous	assoyons
vous	assoyez
ils	assoient

ou

j'	assoirai
tu	assoiras
il	assoira
n.	assoirons
v.	assoirez
ils	assoiront

Imparfait

j'	asseyais
tu	asseyais
il	asseyait
nous	asseyions
vous	asseyiez
ils	asseyaient

Passé composé

j'	ai	assis
tu	as	assis
il	a	assis
n.	avons	assis
v.	avez	assis
ils	ont	assis

ou

j'	assoyais
tu	assoyais
il	assoyait
nous	assoyions
vous	assoyiez
ils	assoyaient

Plus-que-parfait

j'	avais	assis
tu	avais	assis
il	avait	assis
n.	avions	assis
v.	aviez	assis
ils	avaient	assis

Passé simple

j'	assis
tu	assis
il	assit
nous	assîmes
vous	assîtes
ils	assirent

Passé antérieur

j'	eus	assis
tu	eus	assis
il	eut	assis
n.	eûmes	assis
v.	eûtes	assis
ils	eurent	assis

Futur antérieur

j'	aurai	assis
tu	auras	assis
il	aura	assis
n.	aurons	assis
v.	aurez	assis
ils	auront	assis

SUBJONCTIF

Présent

que j'	asseye
que tu	asseyes
qu'il	asseye
que n.	asseyions
que v.	asseyiez
qu'ils	asseyent

Passé

que j'	aie	assis
que tu	aies	assis
qu'il	ait	assis
que n.	ayons	assis
que v.	ayez	assis
qu'ils	aient	assis

ou

que j'	assoie
que tu	assoies
qu'il	assoie
que n.	assoyions
que v.	assoyiez
qu'ils	assoient

Imparfait

que j'	assisse
que tu	assisses
qu'il	assît
que n.	assissions
que v.	assissiez
qu'ils	assissent

Plus-que-parfait

que j'	eusse	assis
que tu	eusses	assis
qu'il	eût	assis
que n.	eussions	assis
que v.	eussiez	assis
qu'ils	eussent	assis

IMPERATIF

Présent   *ou*

assieds	assois		
asseyons	assoyons		
asseyez	assoyez		

Passé

aie	assis
ayons	assis
ayez	assis

CONDITIONNEL

Présent

j'	assiérais
tu	assiérais
il	assiérait
n.	assiérions
v.	assiériez
ils	assiéraient

Passé 1re forme

j'	aurais	assis
tu	aurais	assis
il	aurait	assis
n.	aurions	assis
v.	auriez	assis
ils	auraient	assis

ou

j'	assoirais
tu	assoirais
il	assoirait
n.	assoirions
v.	assoiriez
ils	assoiraient

Passé 2e forme

j'	eusse	assis
tu	eusses	assis
il	eût	assis
n.	eussions	assis
v.	eussiez	assis
ils	eussent	assis

■ ■ ■

INFINITIF

Présent	**Passé**
asseoir	avoir assis

PARTICIPE

Présent		**Passé**
asseyant *ou* assoyant	assis, ise	ayant assis

Ce verbe se conjugue surtout à la forme pronominale : **s'asseoir;** l'infinitif *asseoir* s'orthographie avec un **e** étymologique, à la différence de l'indicatif présent : *j'assois* et futur : *j'assoirai.* Les formes en **ie** et en **ey** sont préférables aux formes en **oi,** moins distinguées. Le futur et le conditionnel : *j'asseyerai... j'asseyerais...,* sont actuellement sortis de l'usage.

VERBE **SEOIR** : CONVENIR

INDICATIF

Présent	**Imparfait**	**Futur**
il sied	il seyait	il siéra
ils siéent	ils seyaient	ils siéront

SUBJONCTIF

Présent
qu'il siée
qu'ils siéent

CONDITIONNEL

Présent
il siérait
ils siéraient

INFINITIF

Présent
seoir

PARTICIPE

Présent
séant (seyant)

Remarque : Ce verbe n'a pas de temps composés.

Le verbe **seoir,** dans le sens d'*être assis, prendre séance,* n'existe qu'aux formes suivantes :
PARTICIPE présent : *séant* (employé parfois comme nom : cf. *«sur son séant»*).
PARTICIPE passé : *sis, sise,* qui ne s'emploie plus guère qu'adjectivement en style juridique au lieu de *situé, située : hôtel sis à Paris.*

VERBE **MESSEOIR** : N'ÊTRE PAS CONVENABLE

INDICATIF

Présent	**Imparfait**	**Futur**
il messied	il messeyait	il messiéra
ils messiéent	ils messeyaient	ils messiéront

SUBJONCTIF

Présent
qu'il messiée
qu'ils messiéent

CONDITIONNEL

Présent
il messiérait
ils messiéraient

INFINITIF

Présent
messeoir

PARTICIPE

Présent
messéant

Remarque : Ce verbe n'a pas de temps composés.

■ ■ ■

INDICATIF

Présent

		Passé composé		
je	sursois	j'	ai	sursis
tu	sursois	tu	as	sursis
il	sursoit	il	a	sursis
nous	sursoyons	n.	avons	sursis
vous	sursoyez	v.	avez	sursis
ils	sursoient	ils	ont	sursis

Imparfait

		Plus-que-parfait		
je	sursoyais	j'	avais	sursis
tu	sursoyais	tu	avais	sursis
il	sursoyait	il	avait	sursis
nous	sursoyions	n.	avions	sursis
vous	sursoyiez	v.	aviez	sursis
ils	sursoyaient	ils	avaient	sursis

Passé simple

		Passé antérieur		
je	sursis	j'	eus	sursis
tu	sursis	tu	eus	sursis
il	sursit	il	eut	sursis
nous	sursîmes	n.	eûmes	sursis
vous	sursîtes	v.	eûtes	sursis
ils	sursirent	ils	eurent	sursis

Futur simple

		Futur antérieur		
je	surseoirai	j'	aurai	sursis
tu	surseoiras	tu	auras	sursis
il	surseoira	il	aura	sursis
nous	surseoirons	n.	aurons	sursis
vous	surseoirez	v.	aurez	sursis
ils	surseoiront	ils	auront	sursis

SUBJONCTIF

Présent

		Passé		
que je	sursoie	que j'	aie	sursis
que tu	sursoies	que tu	aies	sursis
qu'il	sursoie	qu'il	ait	sursis
que n.	sursoyions	que n.	ayons	sursis
que v.	sursoyiez	que v.	ayez	sursis
qu'ils	sursoient	qu'ils	aient	sursis

Imparfait

		Plus-que-parfait		
que je	sursisse	que j'	eusse	sursis
que tu	sursisses	que tu	eusses	sursis
qu'il	sursît	qu'il	eût	sursis
que n.	sursissions	que n.	eussions	sursis
que v.	sursissiez	que v.	eussiez	sursis
qu'ils	sursissent	qu'ils	eussent	sursis

IMPERATIF

Présent

Passé		
sursois	aie	sursis
sursoyons	ayons	sursis
sursoyez	ayez	sursis

CONDITIONNEL

Présent

		Passé 1re forme		
je	surseoirais	j'	aurais	sursis
tu	surseoirais	tu	aurais	sursis
il	surseoirait	il	aurait	sursis
n.	surseoirions	n.	aurions	sursis
v.	surseoiriez	v.	auriez	sursis
ils	surseoiraient	ils	auraient	sursis

INFINITIF

Présent	Passé
surseoir	avoir sursis

PARTICIPE

Présent	Passé
sursoyant	sursis, ise
	ayant sursis

Passé 2e forme

j'	eusse	sursis
tu	eusses	sursis
il	eût	sursis
n.	eussions	sursis
v.	eussiez	sursis
ils	eussent	sursis

Surseoir a généralisé les formes en **oi** du verbe **asseoir,** avec cette particularité que l'**e** de l'infinitif se retrouve au futur et au conditionnel : *je surseoirai, je surseoirais.*

■ ■ ■

INDICATIF

Présent	Passé simple	Futur simple
je chois	je chus	je choirai
tu chois	il chut	*je cherrai*
il choit		
ils choient		

CONDITIONNEL

Présent

je choirais
je cherrais

INFINITIF

Présent

choir

SUBJONCTIF

Imparfait

qu'il chût

PARTICIPE

Passé

chu, chue

VERBE **ÉCHOIR** (temps simples)

INDICATIF

Présent	Passé simple	Futur simple
il échoit	il échut	il échoira
il échet	ils échurent	*il écherra*
ils échoient		ils échoiront
ils échéent		*ils écherront*

CONDITIONNEL

Présent

il échoirait
il écherrait
ils échoiraient
ils écherraient

INFINITIF

Présent

échoir

SUBJONCTIF

Présent : qu'il échoie
Imparfait : qu'il échût

PARTICIPE

Présent : échéant
Passé : échu, échue

VERBE **DÉCHOIR** (temps simples)

INDICATIF

Présent	Passé simple	Futur simple
je déchois	je déchus	je déchoirai, etc.
tu déchois	tu déchus	*je décherrai*
il déchoit	il déchut	
il déchet	nous déchûmes	
n. déchoyons	vous déchûtes	
v. déchoyez	ils déchurent	
ils déchoient		

CONDITIONNEL

Présent

je déchoirais, etc.
je décherrais

INFINITIF

Présent

déchoir

SUBJONCTIF

Présent

que je déchoie
que n. déchoyions, etc.

Imparfait

que je déchusse, etc.

PARTICIPE

Passé

déchu, déchue

Les formes en italique sont tout à fait désuètes. Aux temps composés, **choir** et **échoir** prennent l'auxiliaire **être** : *Il est chu, il est échu.* **Déchoir** utilise tantôt **être,** tantôt **avoir,** selon que l'on veut insister sur l'action ou sur son résultat : *Il* **a** *déchu rapidement; il* **est** *définitivement déchu.*

VERBES EN **-DRE : RENDRE**
VERBES EN **-ANDRE, -ENDRE, -ONDRE, -ERDRE, -ORDRE**[1]

■■■

INDICATIF

Présent		Passé composé		
je	rends	j'	ai	rendu
tu	rends	tu	as	rendu
il	rend	il	a	rendu
nous	rendons	n.	avons	rendu
vous	rendez	v.	avez	rendu
ils	rendent	ils	ont	rendu

Imparfait		Plus-que-parfait		
je	rendais	j'	avais	rendu
tu	rendais	tu	avais	rendu
il	rendait	il	avait	rendu
nous	rendions	n.	avions	rendu
vous	rendiez	v.	aviez	rendu
ils	rendaient	ils	avaient	rendu

Passé simple		Passé antérieur		
je	rendis	j'	eus	rendu
tu	rendis	tu	eus	rendu
il	rendit	il	eut	rendu
nous	rendîmes	n.	eûmes	rendu
vous	rendîtes	v.	eûtes	rendu
ils	rendirent	ils	eurent	rendu

Futur simple		Futur antérieur		
je	rendrai	j'	aurai	rendu
tu	rendras	tu	auras	rendu
il	rendra	il	aura	rendu
nous	rendrons	n.	aurons	rendu
vous	rendrez	v.	aurez	rendu
ils	rendront	ils	auront	rendu

INFINITIF

Présent	Passé
rendre	avoir rendu

SUBJONCTIF

Présent		Passé		
que je	rende	que j'	aie	rendu
que tu	rendes	que tu	aies	rendu
qu'il	rende	qu'il	ait	rendu
que n.	rendions	que n.	ayons	rendu
que v.	rendiez	que v.	ayez	rendu
qu'ils	rendent	qu'ils	aient	rendu

Imparfait		Plus-que-parfait		
que je	rendisse	que j'	eusse	rendu
que tu	rendisses	que tu	eusses	rendu
qu'il	rendît	qu'il	eût	rendu
que n.	rendissions	que n.	eussions	rendu
que v.	rendissiez	que v.	eussiez	rendu
qu'ils	rendissent	qu'ils	eussent	rendu

IMPERATIF

Présent	Passé	
rends	aie	rendu
rendons	ayons	rendu
rendez	ayez	rendu

CONDITIONNEL

Présent		Passé 1re forme		
je	rendrais	j'	aurais	rendu
tu	rendrais	tu	aurais	rendu
il	rendrait	il	aurait	rendu
n.	rendrions	n.	aurions	rendu
v.	rendriez	v.	auriez	rendu
ils	rendraient	ils	auraient	rendu

PARTICIPE

Présent	Passé
rendant	rendu, ue
	ayant rendu

Passé 2e forme		
j'	eusse	rendu
tu	eusses	rendu
il	eût	rendu
n.	eussions	rendu
v.	eussiez	rendu
ils	eussent	rendu

---

1. Voir page 118 la liste des nombreux verbes en **-dre** qui se conjuguent comme **rendre** (sauf **prendre** et ses composés : voir tableau 54). Ainsi se conjuguent en outre les verbes rompre, corrompre, interrompre dont la seule particularité est de prendre un **t** à la suite du **p** à la 3ᵉ personne du singulier de l'indicatif présent : *il rompt.*
Sur le même modèle, sauf pour la 1ʳᵉ et la 2ᵉ personne du singulier du présent de l'indicatif et pour l'impératif singulier **(je me fous, fous)**, et en remplaçant ailleurs le **d** par un **t**, les verbes foutre et contrefoutre, qui n'ont ni passé simple, ni passé antérieur à l'indicatif, ni imparfait ni plus-que-parfait au subjonctif.

■ ■ ■

INDICATIF

Présent		Passé composé		
je	prends	j'	ai	pris
tu	prends	tu	as	pris
il	prend	il	a	pris
nous	prenons	n.	avons	pris
vous	prenez	v.	avez	pris
ils	prennent	ils	ont	pris

Imparfait		Plus-que-parfait		
je	prenais	j'	avais	pris
tu	prenais	tu	avais	pris
il	prenait	il	avait	pris
nous	prenions	n.	avions	pris
vous	preniez	v.	aviez	pris
ils	prenaient	ils	avaient	pris

Passé simple		Passé antérieur		
je	pris	j'	eus	pris
tu	pris	tu	eus	pris
il	prit	il	eut	pris
nous	prîmes	n.	eûmes	pris
vous	prîtes	v.	eûtes	pris
ils	prirent	ils	eurent	pris

Futur simple		Futur antérieur		
je	prendrai	j'	aurai	pris
tu	prendras	tu	auras	pris
il	prendra	il	aura	pris
nous	prendrons	n.	aurons	pris
vous	prendrez	v.	aurez	pris
ils	prendront	ils	auront	pris

SUBJONCTIF

Présent		Passé		
que je	prenne	que j'	aie	pris
que tu	prennes	que tu	aies	pris
qu'il	prenne	qu'il	ait	pris
que n.	prenions	que n.	ayons	pris
que v.	preniez	que v.	ayez	pris
qu'ils	prennent	qu'ils	aient	pris

Imparfait		Plus-que-parfait		
que je	prisse	que j'	eusse	pris
que tu	prisses	que tu	eusses	pris
qu'il	prît	qu'il	eût	pris
que n.	prissions	que n.	eussions	pris
que v.	prissiez	que v.	eussiez	pris
qu'ils	prissent	qu'ils	eussent	pris

IMPERATIF

Présent	Passé	
prends	aie	pris
prenons	ayons	pris
prenez	ayez	pris

CONDITIONNEL

Présent		Passé 1re forme		
je	prendrais	j'	aurais	pris
tu	prendrais	tu	aurais	pris
il	prendrait	il	aurait	pris
n.	prendrions	n.	aurions	pris
v.	prendriez	v.	auriez	pris
ils	prendraient	ils	auraient	pris

Passé 2e forme

j'	eusse	pris
tu	eusses	pris
il	eût	pris
n.	eussions	pris
v.	eussiez	pris
ils	eussent	pris

INFINITIF

Présent	Passé
prendre	avoir pris

PARTICIPE

Présent	Passé
prenant	pris, prise
	ayant pris

Ainsi se conjuguent les composés de **prendre** (page 118).

55 VERBE **BATTRE**

■ ■ ■

INDICATIF

Présent

je	bats
tu	bats
il	bat
nous	battons
vous	battez
ils	battent

Passé composé

j'	ai	battu
tu	as	battu
il	a	battu
n.	avons	battu
v.	avez	battu
ils	ont	battu

Imparfait

je	battais
tu	battais
il	battait
nous	battions
vous	battiez
ils	battaient

Plus-que-parfait

j'	avais	battu
tu	avais	battu
il	avait	battu
n.	avions	battu
v.	aviez	battu
ils	avaient	battu

Passé simple

je	battis
tu	battis
il	battit
nous	battîmes
vous	battîtes
ils	battirent

Passé antérieur

j'	eus	battu
tu	eus	battu
il	eut	battu
n.	eûmes	battu
v.	eûtes	battu
ils	eurent	battu

Futur simple

je	battrai
tu	battras
il	battra
nous	battrons
vous	battrez
ils	battront

Futur antérieur

j'	aurai	battu
tu	auras	battu
il	aura	battu
n.	aurons	battu
v.	aurez	battu
ils	auront	battu

SUBJONCTIF

Présent

que je	batte
que tu	battes
qu'il	batte
que n.	battions
que v.	battiez
qu'ils	battent

Passé

que j'	aie	battu
que tu	aies	battu
qu'il	ait	battu
que n.	ayons	battu
que v.	ayez	battu
qu'ils	aient	battu

Imparfait

que je	battisse
que tu	battisses
qu'il	battît
que n.	battissions
que v.	battissiez
qu'ils	battissent

Plus-que-parfait

que j'	eusse	battu
que tu	eusses	battu
qu'il	eût	battu
que n.	eussions	battu
que v.	eussiez	battu
qu'ils	eussent	battu

IMPERATIF

Présent

bats
battons
battez

Passé

aie	battu
ayons	battu
ayez	battu

CONDITIONNEL

Présent

je	battrais
tu	battrais
il	battrait
n.	battrions
v.	battriez
ils	battraient

Passé 1re forme

j'	aurais	battu
tu	aurais	battu
il	aurait	battu
n.	aurions	battu
v.	auriez	battu
ils	auraient	battu

Passé 2e forme

j'	eusse	battu
tu	eusses	battu
il	eût	battu
n.	eussions	battu
v.	eussiez	battu
ils	eussent	battu

INFINITIF

Présent

battre

Passé

avoir battu

PARTICIPE

Présent

battant

Passé

battu, ue
ayant battu

Ainsi se conjuguent les composés de **battre** (page 119).

■ ■ ■

INDICATIF

Présent		Passé composé		
je	mets	j'	ai	mis
tu	mets	tu	as	mis
il	met	il	a	mis
nous	mettons	n.	avons	mis
vous	mettez	v.	avez	mis
ils	mettent	ils	ont	mis

Imparfait		Plus-que-parfait		
je	mettais	j'	avais	mis
tu	mettais	tu	avais	mis
il	mettait	il	avait	mis
nous	mettions	n.	avions	mis
vous	mettiez	v.	aviez	mis
ils	mettaient	ils	avaient	mis

Passé simple		Passé antérieur		
je	mis	j'	eus	mis
tu	mis	tu	eus	mis
il	mit	il	eut	mis
nous	mîmes	n.	eûmes	mis
vous	mîtes	v.	eûtes	mis
ils	mirent	ils	eurent	mis

Futur simple		Futur antérieur		
je	mettrai	j'	aurai	mis
tu	mettras	tu	auras	mis
il	mettra	il	aura	mis
nous	mettrons	n.	aurons	mis
vous	mettrez	v.	aurez	mis
ils	mettront	ils	auront	mis

SUBJONCTIF

Présent		Passé		
que je	mette	que j'	aie	mis
que tu	mettes	que tu	aies	mis
qu'il	mette	qu'il	ait	mis
que n.	mettions	que n.	ayons	mis
que v.	mettiez	que v.	ayez	mis
qu'ils	mettent	qu'ils	aient	mis

Imparfait		Plus-que-parfait		
que je	misse	que j'	eusse	mis
que tu	misses	que tu	eusses	mis
qu'il	mît	qu'il	eût	mis
que n.	missions	que n.	eussions	mis
que v.	missiez	que v.	eussiez	mis
qu'ils	missent	qu'ils	eussent	mis

IMPERATIF

Présent	Passé	
mets	aie	mis
mettons	ayons	mis
mettez	ayez	mis

CONDITIONNEL

Présent		Passé 1re forme		
je	mettrais	j'	aurais	mis
tu	mettrais	tu	aurais	mis
il	mettrait	il	aurait	mis
n.	mettrions	n.	aurions	mis
v.	mettriez	v.	auriez	mis
ils	mettraient	ils	auraient	mis

Passé 2e forme		
j'	eusse	mis
tu	eusses	mis
il	eût	mis
n.	eussions	mis
v.	eussiez	mis
ils	eussent	mis

INFINITIF

Présent	Passé
mettre	avoir mis

PARTICIPE

Présent	Passé
mettant	mis, ise
	ayant mis

Ainsi se conjuguent les composés de **mettre** (page 119).

VERBES EN -EINDRE : PEINDRE

INDICATIF

Présent		Passé composé		
je	peins	j'	ai	peint
tu	peins	tu	as	peint
il	peint	il	a	peint
nous	peignons	n.	avons	peint
vous	peignez	v.	avez	peint
ils	peignent	ils	ont	peint

Imparfait		Plus-que-parfait		
je	peignais	j'	avais	peint
tu	peignais	tu	avais	peint
il	peignait	il	avait	peint
nous	peignions	n.	avions	peint
vous	peigniez	v.	aviez	peint
ils	peignaient	ils	avaient	peint

Passé simple		Passé antérieur		
je	peignis	j'	eus	peint
tu	peignis	tu	eus	peint
il	peignit	il	eut	peint
nous	peignîmes	n.	eûmes	peint
vous	peignîtes	v.	eûtes	peint
ils	peignirent	ils	eurent	peint

Futur simple		Futur antérieur		
je	peindrai	j'	aurai	peint
tu	peindras	tu	auras	peint
il	peindra	il	aura	peint
nous	peindrons	n.	aurons	peint
vous	peindrez	v.	aurez	peint
ils	peindront	ils	auront	peint

SUBJONCTIF

Présent		Passé		
que je	peigne	que j'	aie	peint
que tu	peignes	que tu	aies	peint
qu'il	peigne	qu'il	ait	peint
que n.	peignions	que n.	ayons	peint
que v.	peigniez	que v.	ayez	peint
qu'ils	peignent	qu'ils	aient	peint

Imparfait		Plus-que-parfait		
que je	peignisse	que j'	eusse	peint
que tu	peignisses	que tu	eusses	peint
qu'il	peignît	qu'il	eût	peint
que n.	peignissions	que n.	eussions	peint
que v.	peignissiez	que v.	eussiez	peint
qu'ils	peignissent	qu'ils	eussent	peint

IMPERATIF

Présent	Passé	
peins	aie	peint
peignons	ayons	peint
peignez	ayez	peint

CONDITIONNEL

Présent		Passé 1ʳᵉ forme		
je	peindrais	j'	aurais	peint
tu	peindrais	tu	aurais	peint
il	peindrait	il	aurait	peint
n.	peindrions	n.	aurions	peint
v.	peindriez	v.	auriez	peint
ils	peindraient	ils	auraient	peint

INFINITIF

Présent	Passé
peindre	avoir peint

PARTICIPE

Présent	Passé
peignant	peint, einte
	ayant peint

Passé 2ᵉ forme		
j'	eusse	peint
tu	eusses	peint
il	eût	peint
n.	eussions	peint
v.	eussiez	peint
ils	eussent	peint

Ainsi se conjuguent **astreindre, atteindre, ceindre, feindre, enfreindre, empreindre, geindre, teindre** et leurs composés (page 119).

■ ■ ■

INDICATIF

Présent

je	joins	
tu	joins	
il	joint	
nous	joignons	
vous	joignez	
ils	joignent	

Passé composé

j'	ai	joint
tu	as	joint
il	a	joint
n.	avons	joint
v.	avez	joint
ils	ont	joint

Imparfait

je	joignais
tu	joignais
il	joignait
nous	joignions
vous	joigniez
ils	joignaient

Plus-que-parfait

j'	avais	joint
tu	avais	joint
il	avait	joint
n.	avions	joint
v.	aviez	joint
ils	avaient	joint

Passé simple

je	joignis
tu	joignis
il	joignit
nous	joignîmes
vous	joignîtes
ils	joignirent

Passé antérieur

j'	eus	joint
tu	eus	joint
il	eut	joint
n.	eûmes	joint
v.	eûtes	joint
ils	eurent	joint

Futur simple

je	joindrai
tu	joindras
il	joindra
nous	joindrons
vous	joindrez
ils	joindront

Futur antérieur

j'	aurai	joint
tu	auras	joint
il	aura	joint
n.	aurons	joint
v.	aurez	joint
ils	auront	joint

SUBJONCTIF

Présent

que je	joigne
que tu	joignes
qu'il	joigne
que n.	joignions
que v.	joigniez
qu'ils	joignent

Passé

que j'	aie	joint
que tu	aies	joint
qu'il	ait	joint
que n.	ayons	joint
que v.	ayez	joint
qu'ils	aient	joint

Imparfait

que je	joignisse
que tu	joignisses
qu'il	joignît
que n.	joignissions
que v.	joignissiez
qu'ils	joignissent

Plus-que-parfait

que j'	eusse	joint
que tu	eusses	joint
qu'il	eût	joint
que n.	eussions	joint
que v.	eussiez	joint
qu'ils	eussent	joint

IMPERATIF

Présent

joins
joignons
joignez

Passé

aie	joint
ayons	joint
ayez	joint

CONDITIONNEL

Présent

je	joindrais
tu	joindrais
il	joindrait
n.	joindrions
v.	joindriez
ils	joindraient

Passé 1re forme

j'	aurais	joint
tu	aurais	joint
il	aurait	joint
n.	aurions	joint
v.	auriez	joint
ils	auraient	joint

Passé 2e forme

j'	eusse	joint
tu	eusses	joint
il	eût	joint
n.	eussions	joint
v.	eussiez	joint
ils	eussent	joint

INFINITIF

Présent

joindre

Passé

avoir joint

PARTICIPE

Présent

joignant

Passé

joint, te
ayant joint

Ainsi se conjuguent les composés de **joindre** (page 119) et les verbes archaïques **poindre** et **oindre**. Au sens intransitif de *commencer à paraître*, poindre ne s'emploie qu'aux formes suivantes : *il point, il poindra, il poindrait, il a point : Quand l'aube poindra...*; on a tendance à lui substituer le verbe régulier **pointer**. Au sens transitif de *piquer : Poignez vilain, il vous oindra*, ce verbe est sorti de l'usage en cédant la place parfois pour le néologisme insoutenable **poigner,** fabriqué à partir de formes régulières de **poindre** : *il poignait, poignant*. Ce participe présent s'est d'ailleurs maintenu comme adjectif en se chargeant du sens d'*étreindre* (comme par une *poigne?*).
Oindre est sorti de l'usage, sauf à l'infinitif et au participe passé *oint, te*.

VERBES EN -AINDRE : CRAINDRE

■ ■ ■

INDICATIF

Présent

je	crains
tu	crains
il	craint
nous	craignons
vous	craignez
ils	craignent

Passé composé

j'	ai	craint
tu	as	craint
il	a	craint
n.	avons	craint
v.	avez	craint
ils	ont	craint

Imparfait

je	craignais
tu	craignais
il	craignait
nous	craignions
vous	craigniez
ils	craignaient

Plus-que-parfait

j'	avais	craint
tu	avais	craint
il	avait	craint
n.	avions	craint
v.	aviez	craint
ils	avaient	craint

Passé simple

je	craignis
tu	craignis
il	craignit
nous	craignîmes
vous	craignîtes
ils	craignirent

Passé antérieur

j'	eus	craint
tu	eus	craint
il	eut	craint
n.	eûmes	craint
v.	eûtes	craint
ils	eurent	craint

Futur simple

je	craindrai
tu	craindras
il	craindra
nous	craindrons
vous	craindrez
ils	craindront

Futur antérieur

j'	aurai	craint
tu	auras	craint
il	aura	craint
n.	aurons	craint
v.	aurez	craint
ils	auront	craint

SUBJONCTIF

Présent

que je	craigne
que tu	craignes
qu'il	craigne
que n.	craignions
que v.	craigniez
qu'ils	craignent

Passé

que j'	aie	craint
que tu	aies	craint
qu'il	ait	craint
que n.	ayons	craint
que v.	ayez	craint
qu'ils	aient	craint

Imparfait

que je	craignisse
que tu	craignisses
qu'il	craignît
que n.	craignissions
que v.	craignissiez
qu'ils	craignissent

Plus-que-parfait

que j'	eusse	craint
que tu	eusses	craint
qu'il	eût	craint
que n.	eussions	craint
que v.	eussiez	craint
qu'ils	eussent	craint

IMPERATIF

Présent

crains
craignons
craignez

Passé

aie	craint
ayons	craint
ayez	craint

CONDITIONNEL

Présent

je	craindrais
tu	craindrais
il	craindrait
n.	craindrions
v.	craindriez
ils	craindraient

Passé 1re forme

j'	aurais	craint
tu	aurais	craint
il	aurait	craint
n.	aurions	craint
v.	auriez	craint
ils	auraient	craint

INFINITIF

Présent

craindre

Passé

avoir craint

PARTICIPE

Présent

craignant

Passé

craint, te
ayant craint

Passé 2e forme

j'	eusse	craint
tu	eusses	craint
il	eût	craint
n.	eussions	craint
v.	eussiez	craint
ils	eussent	craint

Ainsi se conjuguent **contraindre** et **plaindre**.

■ ■ ■

INDICATIF

Présent		**Passé composé**	
je	vaincs	j' ai	vaincu
tu	vaincs	tu as	vaincu
il	vainc	il a	vaincu
nous	vainquons	n. avons	vaincu
vous	vainquez	v. avez	vaincu
ils	vainquent	ils ont	vaincu

Imparfait		**Plus-que-parfait**	
je	vainquais	j' avais	vaincu
tu	vainquais	tu avais	vaincu
il	vainquait	il avait	vaincu
nous	vainquions	n. avions	vaincu
vous	vainquiez	v. aviez	vaincu
ils	vainquaient	ils avaient	vaincu

Passé simple		**Passé antérieur**	
je	vainquis	j' eus	vaincu
tu	vainquis	tu eus	vaincu
il	vainquit	il eut	vaincu
nous	vainquîmes	n. eûmes	vaincu
vous	vainquîtes	v. eûtes	vaincu
ils	vainquirent	ils eurent	vaincu

Futur simple		**Futur antérieur**	
je	vaincrai	j' aurai	vaincu
tu	vaincras	tu auras	vaincu
il	vaincra	il aura	vaincu
nous	vaincrons	n. aurons	vaincu
vous	vaincrez	v. aurez	vaincu
ils	vaincront	ils auront	vaincu

SUBJONCTIF

Présent		**Passé**	
que je	vainque	que j' aie	vaincu
que tu	vainques	que tu aies	vaincu
qu'il	vainque	qu'il ait	vaincu
que n.	vainquions	que n. ayons	vaincu
que v.	vainquiez	que v. ayez	vaincu
qu'ils	vainquent	qu'ils aient	vaincu

Imparfait		**Plus-que-parfait**	
que je	vainquisse	que j' eusse	vaincu
que tu	vainquisses	que tu eusses	vaincu
qu'il	vainquît	qu'il eût	vaincu
que n.	vainquissions	que n. eussions	vaincu
que v.	vainquissiez	que v. eussiez	vaincu
qu'ils	vainquissent	qu'ils eussent	vaincu

IMPERATIF

Présent	**Passé**	
vaincs	aie	vaincu
vainquons	ayons	vaincu
vainquez	ayez	vaincu

CONDITIONNEL

Présent		**Passé 1re forme**	
je	vaincrais	j' aurais	vaincu
tu	vaincrais	tu aurais	vaincu
il	vaincrait	il aurait	vaincu
n.	vaincrions	n. aurions	vaincu
v.	vaincriez	v. auriez	vaincu
ils	vaincraient	ils auraient	vaincu

INFINITIF

Présent	**Passé**
vaincre	avoir vaincu

PARTICIPE

Présent	**Passé**
vainquant	vaincu, ue
	ayant vaincu

Passé 2e forme		
j'	eusse	vaincu
tu	eusses	vaincu
il	eût	vaincu
n.	eussions	vaincu
v.	eussiez	vaincu
ils	eussent	vaincu

Seule irrégularité du verbe *vaincre* : il ne prend pas le **t** final à la troisième personne du singulier du présent de l'indicatif : *il vainc.*
D'autre part, devant une voyelle (sauf **u**), le **c** se change en **qu** : *nous vainquons.* Ainsi se conjugue **convaincre.**

■ ■ ■

INDICATIF				SUBJONCTIF			

Présent		*Passé composé*		*Présent*		*Passé*	
je	trais	j'	ai	trait	que je	traie	que j'	aie	trait
tu	trais	tu	as	trait	que tu	traies	que tu	aies	trait
il	trait	il	a	trait	qu'il	traie	qu'il	ait	trait
nous	trayons	n.	avons	trait	que n.	trayions	que n.	ayons	trait
vous	trayez	v.	avez	trait	que v.	trayiez	que v.	ayez	trait
ils	traient	ils	ont	trait	qu'ils	traient	qu'ils	aient	trait

Imparfait		*Plus-que-parfait*		*Imparfait*		*Plus-que-parfait*	
je	trayais	j'	avais	trait		que j'	eusse	trait
tu	trayais	tu	avais	trait		que tu	eusses	trait
il	trayait	il	avait	trait	*N'existe pas*	qu'il	eût	trait
nous	trayions	n.	avions	trait		que n.	eussions	trait
vous	trayiez	v.	aviez	trait		que v.	eussiez	trait
ils	trayaient	ils	avaient	trait		qu'ils	eussent	trait

Passé simple		*Passé antérieur*	
		j'	eus	trait
		tu	eus	trait
N'existe pas		il	eut	trait
		n.	eûmes	trait
		v.	eûtes	trait
		ils	eurent	trait

IMPERATIF			

Présent	*Passé*	
trais	aie	trait
trayons	ayons	trait
trayez	ayez	trait

CONDITIONNEL			

Futur simple		*Futur antérieur*		*Présent*		*Passé 1re forme*	
je	trairai	j'	aurai	trait	je	trairais	j'	aurais	trait
tu	trairas	tu	auras	trait	tu	trairais	tu	aurais	trait
il	traira	il	aura	trait	il	trairait	il	aurait	trait
nous	trairons	n.	aurons	trait	n.	trairions	n.	aurions	trait
vous	trairez	v.	aurez	trait	v.	trairiez	v.	auriez	trait
ils	trairont	ils	auront	trait	ils	trairaient	ils	auraient	trait

INFINITIF		PARTICIPE			*Passé 2e forme*	

Présent	*Passé*	*Présent*	*Passé*
traire	avoir trait	trayant	trait, aite
			ayant trait

j'	eusse	trait
tu	eusses	trait
il	eût	trait
n.	eussions	trait
v.	eussiez	trait
ils	eussent	trait

Ainsi se conjuguent les composés de **traire** (au sens de *tirer*) comme **extraire, distraire,** etc. (voir page 119), de même le verbe **braire,** qui ne s'emploie qu'aux 3es personnes de l'indicatif présent, du futur et du conditionnel.

INDICATIF

Présent		Passé composé		
je	fais	j'	ai	fait
tu	fais	tu	as	fait
il	fait	il	a	fait
nous	faisons	n.	avons	fait
vous	faites	v.	avez	fait
ils	font	ils	ont	fait

Imparfait		Plus-que-parfait		
je	faisais	j'	avais	fait
tu	faisais	tu	avais	fait
il	faisait	il	avait	fait
nous	faisions	n.	avions	fait
vous	faisiez	v.	aviez	fait
ils	faisaient	ils	avaient	fait

Passé simple		Passé antérieur		
je	fis	j'	eus	fait
tu	fis	tu	eus	fait
il	fit	il	eut	fait
nous	fîmes	n.	eûmes	fait
vous	fîtes	v.	eûtes	fait
ils	firent	ils	eurent	fait

Futur simple		Futur antérieur		
je	ferai	j'	aurai	fait
tu	feras	tu	auras	fait
il	fera	il	aura	fait
nous	ferons	n.	aurons	fait
vous	ferez	v.	aurez	fait
ils	feront	ils	auront	fait

SUBJONCTIF

Présent		Passé		
que je	fasse	que j'	aie	fait
que tu	fasses	que tu	aies	fait
qu'il	fasse	qu'il	ait	fait
que n.	fassions	que n.	ayons	fait
que v.	fassiez	que v.	ayez	fait
qu'ils	fassent	qu'ils	aient	fait

Imparfait		Plus-que-parfait		
que je	fisse	que j'	eusse	fait
que tu	fisses	que tu	eusses	fait
qu'il	fît	qu'il	eût	fait
que n.	fissions	que n.	eussions	fait
que v.	fissiez	que v.	eussiez	fait
qu'ils	fissent	qu'ils	eussent	fait

IMPERATIF

Présent	Passé	
fais	aie	fait
faisons	ayons	fait
faites	ayez	fait

CONDITIONNEL

Présent		Passé 1re forme		
je	ferais	j'	aurais	fait
tu	ferais	tu	aurais	fait
il	ferait	il	aurait	fait
n.	ferions	n.	aurions	fait
v.	feriez	v.	auriez	fait
ils	feraient	ils	auraient	fait

Passé 2e forme		
j'	eusse	fait
tu	eusses	fait
il	eût	fait
n.	eussions	fait
v.	eussiez	fait
ils	eussent	fait

INFINITIF

Présent	Passé
faire	avoir fait

PARTICIPE

Présent	Passé
faisant	fait, te
	ayant fait

Tout en écrivant **fai,** on prononce *nous* **fe**sons, *je* **fe**sais..., **fe**sons, **fe**sant; en revanche, on a aligné sur la prononciation l'orthographe de *je* **fe**rai..., *je* **fe**rais..., écrits avec un **e.** Noter les 2es personnes du pluriel : présent : *vous faites;* impératif : *faites. Vous faisez, faisez* sont de grossiers barbarismes. Ainsi se conjuguent les composés de **faire** (page 119).

63 VERBE **PLAIRE**

■ ■ ■

INDICATIF

Présent		Passé composé		
je	plais	j'	ai	plu
tu	plais	tu	as	plu
il	plaît	il	a	plu
nous	plaisons	n.	avons	plu
vous	plaisez	v.	avez	plu
ils	plaisent	ils	ont	plu

Imparfait		Plus-que-parfait		
je	plaisais	j'	avais	plu
tu	plaisais	tu	avais	plu
il	plaisait	il	avait	plu
nous	plaisions	n.	avions	plu
vous	plaisiez	v.	aviez	plu
ils	plaisaient	ils	avaient	plu

Passé simple		Passé antérieur		
je	plus	j'	eus	plu
tu	plus	tu	eus	plu
il	plut	il	eut	plu
nous	plûmes	n.	eûmes	plu
vous	plûtes	v.	eûtes	plu
ils	plurent	ils	eurent	plu

Futur simple		Futur antérieur		
je	plairai	j'	aurai	plu
tu	plairas	tu	auras	plu
il	plaira	il	aura	plu
nous	plairons	n.	aurons	plu
vous	plairez	v.	aurez	plu
ils	plairont	ils	auront	plu

SUBJONCTIF

Présent		Passé		
que je	plaise	que j'	aie	plu
que tu	plaises	que tu	aies	plu
qu'il	plaise	qu'il	ait	plu
que n.	plaisions	que n.	ayons	plu
que v.	plaisiez	que v.	ayez	plu
qu'ils	plaisent	qu'ils	aient	plu

Imparfait		Plus-que-parfait		
que je	plusse	que j'	eusse	plu
que tu	plusses	que tu	eusses	plu
qu'il	plût	qu'il	eût	plu
que n.	plussions	que n.	eussions	plu
que v.	plussiez	que v.	eussiez	plu
qu'ils	plussent	qu'ils	eussent	plu

IMPERATIF

Présent	Passé	
plais	aie	plu
plaisons	ayons	plu
plaisez	ayez	plu

CONDITIONNEL

Présent		Passé 1re forme		
je	plairais	j'	aurais	plu
tu	plairais	tu	aurais	plu
il	plairait	il	aurait	plu
n.	plairions	n.	aurions	plu
v.	plairiez	v.	auriez	plu
ils	plairaient	ils	auraient	plu

INFINITIF

Présent	Passé
plaire	avoir plu

PARTICIPE

Présent	Passé
plaisant	plu
	ayant plu

Passé 2e forme		
j'	eusse	plu
tu	eusses	plu
il	eût	plu
n.	eussions	plu
v.	eussiez	plu
ils	eussent	plu

Ainsi se conjuguent **complaire** et **déplaire,** de même que **taire,** qui, lui, ne prend pas d'accent circonflexe au présent de l'indicatif : *il tait,* et qui a un participe passé variable : *les plaintes se sont* **tues.**

■ ■ ■

INDICATIF

Présent	*Passé composé*	
je connais	j' ai	connu
tu connais	tu as	connu
il connaît	il a	connu
n. connaissons	n. avons	connu
v. connaissez	v. avez	connu
ils connaissent	ils ont	connu

Imparfait	*Plus-que-parfait*	
je connaissais	j' avais	connu
tu connaissais	tu avais	connu
il connaissait	il avait	connu
n. connaissions	n. avions	connu
v. connaissiez	v. aviez	connu
ils connaissaient	ils avaient	connu

Passé simple	*Passé antérieur*	
je connus	j' eus	connu
tu connus	tu eus	connu
il connut	il eut	connu
n. connûmes	n. eûmes	connu
v. connûtes	v. eûtes	connu
ils connurent	ils eurent	connu

Futur simple	*Futur antérieur*	
je connaîtrai	j' aurai	connu
tu connaîtras	tu auras	connu
il connaîtra	il aura	connu
n. connaîtrons	n. aurons	connu
v. connaîtrez	v. aurez	connu
ils connaîtront	ils auront	connu

SUBJONCTIF

Présent	*Passé*	
que je connaisse	que j' aie	connu
que tu connaisses	que tu aies	connu
qu'il connaisse	qu'il ait	connu
que n. connaissions	que n. ayons	connu
que v. connaissiez	que v. ayez	connu
qu'ils connaissent	qu'ils aient	connu

Imparfait	*Plus-que-parfait*	
que je connusse	que j' eusse	connu
que tu connusses	que tu eusses	connu
qu'il connût	qu'il eût	connu
que n. connussions	que n. eussions	connu
que v. connussiez	que v. eussiez	connu
qu'ils connussent	qu'ils eussent	connu

IMPERATIF

Présent	*Passé*	
connais	aie	connu
connaissons	ayons	connu
connaissez	ayez	connu

CONDITIONNEL

Présent	*Passé 1re forme*	
je connaîtrais	j' aurais	connu
tu connaîtrais	tu aurais	connu
il connaîtrait	il aurait	connu
n. connaîtrions	n. aurions	connu
v. connaîtriez	v. auriez	connu
ils connaîtraient	ils auraient	connu

Passé 2e forme		
j' eusse	connu
tu eusses	connu
il eût	connu
n. eussions	connu
v. eussiez	connu
ils eussent	connu

INFINITIF

Présent	*Passé*
connaître	avoir connu

PARTICIPE

Présent	*Passé*
connaissant	connu ue
	ayant connu

Ainsi se conjuguent **connaître, paraître** et tous leurs composés (page 119).
Tous les verbes en **-aître** prennent un accent circonflexe sur l'**i** qui précède le **t,** de même que tous les verbes en **-oître.**

65 VERBE NAÎTRE

INDICATIF

Présent

je	nais				
tu	nais				
il	naît				
nous	naissons				
vous	naissez				
ils	naissent				

Passé composé

je	suis	né
tu	es	né
il	est	né
n.	sommes	nés
v.	êtes	nés
ils	sont	nés

Imparfait

je	naissais
tu	naissais
il	naissait
nous	naissions
vous	naissiez
ils	naissaient

Plus-que-parfait

j'	étais	né
tu	étais	né
il	était	né
n.	étions	nés
v.	étiez	nés
ils	étaient	nés

Passé simple

je	naquis
tu	naquis
il	naquit
nous	naquîmes
vous	naquîtes
ils	naquirent

Passé antérieur

je	fus	né
tu	fus	né
il	fut	né
n.	fûmes	nés
v.	fûtes	nés
ils	furent	nés

Futur simple

je	naîtrai
tu	naîtras
il	naîtra
nous	naîtrons
vous	naîtrez
ils	naîtront

Futur antérieur

je	serai	né
tu	seras	né
il	sera	né
n.	serons	nés
v.	serez	nés
ils	seront	nés

SUBJONCTIF

Présent

que je	naisse
que tu	naisses
qu'il	naisse
que n.	naissions
que v.	naissiez
qu'ils	naissent

Passé

que je	sois	né
que tu	sois	né
qu'il	soit	né
que n.	soyons	nés
que v.	soyez	nés
qu'ils	soient	nés

Imparfait

que je	naquisse
que tu	naquisses
qu'il	naquît
que n.	naquissions
que v.	naquissiez
qu'ils	naquissent

Plus-que-parfait

que je	fusse	né
que tu	fusses	né
qu'il	fût	né
que n.	fussions	nés
que v.	fussiez	nés
qu'ils	fussent	nés

IMPERATIF

Présent

nais
naissons
naissez

Passé

sois	né
soyons	nés
soyez	nés

CONDITIONNEL

Présent

je	naîtrais
tu	naîtrais
il	naîtrait
n.	naîtrions
v.	naîtriez
ils	naîtraient

Passé 1re forme

je	serais	né
tu	serais	né
il	serait	né
n.	serions	nés
v.	seriez	nés
ils	seraient	nés

INFINITIF

Présent

naître

Passé

être né

PARTICIPE

Présent

naissant

Passé

né, née
étant né

Passé 2e forme

je	fusse	né
tu	fusses	né
il	fût	né
n.	fussions	nés
v.	fussiez	nés
ils	fussent	nés

■■■

INDICATIF

Présent		*Passé simple*
je	pais	
tu	pais	
il	paît	*N'existe pas*
nous	paissons	
vous	paissez	
ils	paissent	

Imparfait		*Futur simple*	
je	paissais	je	paîtrai
tu	paissais	tu	paîtras
il	paissait	il	paîtra
nous	paissions	n.	paîtrons
vous	paissiez	v.	paîtrez
ils	paissaient	ils	paîtront

SUBJONCTIF

Présent		*Imparfait*
que je	paisse	
que tu	paisses	
qu'il	paisse	*N'existe pas*
que n.	paissions	
que v.	paissiez	
qu'ils	paissent	

IMPERATIF

Présent

pais
paissez

INFINITIF

Présent

paître

PARTICIPE

Présent

paissant

CONDITIONNEL

Présent

je	paîtrais
tu	paîtrais
il	paîtrait
n.	paîtrions
v.	paîtriez
ils	paîtraient

Le verbe **paître** n'a pas de *temps composés;* il n'est usité qu'aux *temps simples* ci-dessus.
Nota. Le participe passé **pu,** invariable, n'est usité qu'en termes de fauconnerie.

VERBE **REPAÎTRE**

Repaître se conjugue comme **paître,** mais il a, de plus, les temps suivants :

INDICATIF

Passé simple
je repus, etc.

SUBJONCTIF

Imparfait
que je repusse, etc.

PARTICIPE

Passé
repu, ue

Tous les temps composés

j'ai repu, etc.
j'avais repu, etc.

■■■

INDICATIF

Présent

je	croîs
tu	croîs
il	croît
nous	croissons
vous	croissez
ils	croissent

Passé composé

j'	ai	crû
tu	as	crû
il	a	crû
n.	avons	crû
v.	avez	crû
ils	ont	crû

Imparfait

je	croissais
tu	croissais
il	croissait
nous	croissions
vous	croissiez
ils	croissaient

Plus-que-parfait

j'	avais	crû
tu	avais	crû
il	avait	crû
n.	avions	crû
v.	aviez	crû
ils	avaient	crû

Passé simple

je	crûs
tu	crûs
il	crût
nous	crûmes
vous	crûtes
ils	crûrent

Passé antérieur

j'	eus	crû
tu	eus	crû
il	eut	crû
n.	eûmes	crû
v.	eûtes	crû
ils	eurent	crû

Futur simple

je	croîtrai
tu	croîtras
il	croîtra
nous	croîtrons
vous	croîtrez
ils	croîtront

Futur antérieur

j'	aurai	crû
tu	auras	crû
il	aura	crû
n.	aurons	crû
v.	aurez	crû
ils	auront	crû

SUBJONCTIF

Présent

que je	croisse
que tu	croisses
qu'il	croisse
que n.	croissions
que v.	croissiez
qu'ils	croissent

Passé

que j'	aie	crû
que tu	aies	crû
qu'il	ait	crû
que n.	ayons	crû
que v.	ayez	crû
qu'ils	aient	crû

Imparfait

que je	crûsse
que tu	crûsses
qu'il	crûsse
que n.	crûssions
que v.	crûssiez
qu'ils	crûssent

Plus-que-parfait

que j'	eusse	crû
que tu	eusses	crû
qu'il	eût	crû
que n.	eussions	crû
que v.	eussiez	crû
qu'ils	eussent	crû

IMPERATIF

Présent

croîs
croissons
croissez

Passé

aie	crû
ayons	crû
ayez	crû

CONDITIONNEL

Présent

je	croîtrais
tu	croîtrais
il	croîtrait
n.	croîtrions
v.	croîtriez
ils	croîtraient

Passé 1re forme

j'	aurais	crû
tu	aurais	crû
il	aurait	crû
n.	aurions	crû
v.	auriez	crû
ils	auraient	crû

Passé 2e forme

j'	eusse	crû
tu	eusses	crû
il	eût	crû
n.	eussions	crû
v.	eussiez	crû
ils	eussent	crû

INFINITIF

Présent

croître

Passé

avoir crû

PARTICIPE

Présent

croissant

Passé

crû, ue
ayant crû

Ainsi se conjuguent **accroître, décroître, recroître.** S'ils prennent tous un accent circonflexe sur l'**i** suivi d'un **t, croître** est le seul qui ait l'accent circonflexe aux formes suivantes : *je croîs, tu croîs, je crûs, tu crûs, il crût, ils crûrent, que je crûsse..., crû,* pour le distinguer des formes correspondantes du verbe **croire.**
Noter cependant le participe passé *recrû.*

■ ■ ■

INDICATIF

Présent

je	crois
tu	crois
il	croit
nous	croyons
vous	croyez
ils	croient

Passé composé

j'	ai	cru
tu	as	cru
il	a	cru
n.	avons	cru
v.	avez	cru
ils	ont	cru

Imparfait

je	croyais
tu	croyais
il	croyait
nous	croyions
vous	croyiez
ils	croyaient

Plus-que-parfait

j'	avais	cru
tu	avais	cru
il	avait	cru
n.	avions	cru
v.	aviez	cru
ils	avaient	cru

Passé simple

je	crus
tu	crus
il	crut
nous	crûmes
vous	crûtes
ils	crurent

Passé antérieur

j'	eus	cru
tu	eus	cru
il	eut	cru
n.	eûmes	cru
v.	eûtes	cru
ils	eurent	cru

Futur simple

je	croirai
tu	croiras
il	croira
nous	croirons
vous	croirez
ils	croiront

Futur antérieur

j'	aurai	cru
tu	auras	cru
il	aura	cru
n.	aurons	cru
v.	aurez	cru
ils	auront	cru

SUBJONCTIF

Présent

que je	croie
que tu	croies
qu'il	croie
que n.	croyions
que v.	croyiez
qu'ils	croient

Passé

que j'	aie	cru
que tu	aies	cru
qu'il	ait	cru
que n.	ayons	cru
que v.	ayez	cru
qu'ils	aient	cru

Imparfait

que je	crusse
que tu	crusses
qu'il	crût
que n.	crussions
que v.	crussiez
qu'ils	crussent

Plus-que-parfait

que j'	eusse	cru
que tu	eusses	cru
qu'il	eût	cru
que n.	eussions	cru
que v.	eussiez	cru
qu'ils	eussent	cru

IMPERATIF

Présent

crois
croyons
croyez

Passé

aie	cru
ayons	cru
ayez	cru

CONDITIONNEL

Présent

je	croirais
tu	croirais
il	croirait
n.	croirions
v.	croiriez
ils	croiraient

Passé 1re forme

j'	aurais	cru
tu	aurais	cru
il	aurait	cru
n.	aurions	cru
v.	auriez	cru
ils	auraient	cru

Passé 2e forme

j'	eusse	cru
tu	eusses	cru
il	eût	cru
n.	eussions	cru
v.	eussiez	cru
ils	eussent	cru

INFINITIF

Présent

croire

Passé

avoir cru

PARTICIPE

Présent

croyant

Passé

cru, ue
ayant cru

VERBE **BOIRE**

■ ■ ■

INDICATIF

Présent

je	bois	j'	ai	bu
tu	bois	tu	as	bu
il	boit	il	a	bu
nous	buvons	n.	avons	bu
vous	buvez	v.	avez	bu
ils	boivent	ils	ont	bu

Passé composé

Imparfait

je	buvais	j'	avais	bu
tu	buvais	tu	avais	bu
il	buvait	il	avait	bu
nous	buvions	n.	avions	bu
vous	buviez	v.	aviez	bu
ils	buvaient	ils	avaient	bu

Plus-que-parfait

Passé simple

je	bus	j'	eus	bu
tu	bus	tu	eus	bu
il	but	il	eut	bu
nous	bûmes	n.	eûmes	bu '
vous	bûtes	v.	eûtes	bu
ils	burent	ils	eurent	bu

Passé antérieur

Futur simple

je	boirai	j'	aurai	bu
tu	boiras	tu	auras	bu
il	boira	il	aura	bu
nous	boirons	n.	aurons	bu
vous	boirez	v.	aurez	bu
ils	boiront	ils	auront	bu

Futur antérieur

SUBJONCTIF

Présent

que je	boive	que j'	aie	bu
que tu	boives	que tu	aies	bu
qu'il	boive	qu'il	ait	bu
que n.	buvions	que n.	ayons	bu
que v.	buviez	que v.	ayez	bu
qu'ils	boivent	qu'ils	aient	bu

Passé

Imparfait

que je	busse	que j'	eusse	bu
que tu	busses	que tu	eusses	bu
qu'il	bût	qu'il	eût	bu
que n.	bussions	que n.	eussions	bu
que v.	bussiez	que v.	eussiez	bu
qu'ils	bussent	qu'ils	eussent	bu

Plus-que-parfait

IMPERATIF

Présent

bois	
buvons	
buvez	

Passé

aie	bu
ayons	bu
ayez	bu

CONDITIONNEL

Présent

je	boirais	j'	aurais	bu
tu	boirais	tu	aurais	bu
il	boirait	il	aurait	bu
n.	boirions	n.	aurions	bu
v.	boiriez	v.	auriez	bu
ils	boiraient	ils	auraient	bu

Passé 1ʳᵉ forme

Passé 2ᵉ forme

j'	eusse	bu
tu	eusses	bu
il	eût	bu
n.	eussions	bu
v.	eussiez	bu
ils	eussent	bu

INFINITIF

Présent	Passé
boire	avoir bu

PARTICIPE

Présent	Passé
buvant	bu, ue
	ayant bu

■ ■ ■

INDICATIF

Présent		Passé composé	
je	clos	j' ai	clos
tu	clos	tu as	clos
il	clôt	il a	clos
ils	closent	n. avons	clos
		v. avez	clos
		ils ont	clos

Imparfait		Plus-que-parfait	
		j' avais	clos
		tu avais	clos
N'existe pas		il avait	clos
		n. avions	clos
		v. aviez	clos
		ils avaient	clos

Passé simple		Passé antérieur	
		j' eus	clos
		tu eus	clos
N'existe pas		il eut	clos
		n. eûmes	clos
		v. eûtes	clos
		ils eurent	clos

Futur simple		Futur antérieur	
je	clorai	j' aurai	clos
tu	cloras	tu auras	clos
il	clora	il aura	clos
nous	clorons	n. aurons	clos
vous	clorez	v. aurez	clos
ils	cloront	ils auront	clos

SUBJONCTIF

Présent	Passé	
que je close	que j' aie	clos
que tu closes	que tu aies	clos
qu'il close	qu'il ait	clos
que n. closions	que n. ayons	clos
que v. closiez	que v. ayez	clos
qu'ils closent	qu'ils aient	clos

Imparfait	Plus-que-parfait	
	que j' eusse	clos
	que tu eusses	clos
N'existe pas	qu'il eût	clos
	que n. eussions	clos
	que v. eussiez	clos
	qu'ils eussent	clos

IMPERATIF

Présent	Passé	
clos	aie	clos
	ayons	clos
	ayez	clos

CONDITIONNEL

Présent	Passé 1re forme	
je clorais	j' aurais	clos
tu clorais	tu aurais	clos
il clorait	il aurait	clos
n. clorions	n. aurions	clos
v. cloriez	v. auriez	clos
ils cloraient	ils auraient	clos

	Passé 2e forme	
	j' eusse	clos
	tu eusses	clos
	il eût	clos
	n. eussions	clos
	v. eussiez	clos
	ils eussent	clos

INFINITIF

Présent	Passé
clore	avoir clos

PARTICIPE

Présent	Passé
closant	clos, se ayant clos

Éclore ne s'emploie guère qu'à la 3e personne. L'Académie écrit : *il éclot* sans accent circonflexe.
Enclore possède les formes *nous enclosons, vous enclosez;* impératif : *enclosons, enclosez.* L'Académie écrit sans accent circonflexe : *il enclot.*
Déclore ne prend pas l'accent circonflexe au présent de l'indicatif : *il déclot.* N'est guère usité qu'à l'infinitif et au participe passé *déclos, déclose.*

71 VERBES EN -CLURE : CONCLURE

INDICATIF

Présent

je	conclus	j'	ai	conclu
tu	conclus	tu	as	conclu
il	conclut	il	a	conclu
nous	concluons	n.	avons	conclu
vous	concluez	v.	avez	conclu
ils	concluent	ils	ont	conclu

Passé composé (header above)

Imparfait

je	concluais	j'	avais	conclu
tu	concluais	tu	avais	conclu
il	concluait	il	avait	conclu
nous	concluions	n.	avions	conclu
vous	concluiez	v.	aviez	conclu
ils	concluaient	ils	avaient	conclu

Plus-que-parfait (header above)

Passé simple

je	conclus	j'	eus	conclu
tu	conclus	tu	eus	conclu
il	conclut	il	eut	conclu
nous	conclûmes	n.	eûmes	conclu
vous	conclûtes	v.	eûtes	conclu
ils	conclurent	ils	eurent	conclu

Passé antérieur (header above)

Futur simple

je	conclurai	j'	aurai	conclu
tu	concluras	tu	auras	conclu
il	conclura	il	aura	conclu
nous	conclurons	n.	aurons	conclu
vous	conclurez	v.	aurez	conclu
ils	concluront	ils	auront	conclu

Futur antérieur (header above)

SUBJONCTIF

Présent

que je	conclue	que j'	aie	conclu
que tu	conclues	que tu	aies	conclu
qu'il	conclue	qu'il	ait	conclu
que n.	concluions	que n.	ayons	conclu
que v.	concluiez	que v.	ayez	conclu
qu'ils	concluent	qu'ils	aient	conclu

Passé (header above)

Imparfait

que je	conclusse	que j'	eusse	conclu
que tu	conclusses	que tu	eusses	conclu
qu'il	conclût	qu'il	eût	conclu
que n.	conclussions	que n.	eussions	conclu
que v.	conclussiez	que v.	eussiez	conclu
qu'ils	conclussent	qu'ils	eussent	conclu

Plus-que-parfait (header above)

IMPERATIF

Présent

conclus
concluons
concluez

Passé

aie conclu
ayons conclu
ayez conclu

CONDITIONNEL

Présent

je	conclurais
tu	conclurais
il	conclurait
n.	conclurions
v.	concluriez
ils	concluraient

Passé 1re forme

j'	aurais	conclu
tu	aurais	conclu
il	aurait	conclu
n.	aurions	conclu
v.	auriez	conclu
ils	auraient	conclu

Passé 2e forme

j'	eusse	conclu
tu	eusses	conclu
il	eût	conclu
n.	eussions	conclu
v.	eussiez	conclu
ils	eussent	conclu

INFINITIF

Présent
conclure

Passé
avoir conclu

PARTICIPE

Présent
concluant

Passé
conclu, ue
ayant conclu

Inclure fait au participe passé *inclus(e)*. Noter l'opposition *exclu(e)/inclus(e)*.
Occlure fait au participe passé *occlus(e)*.

106

INDICATIF

Présent		Passé composé	
j'	absous	j' ai	absous
tu	absous	tu as	absous
il	absout	il a	absous
nous	absolvons	n. avons	absous
vous	absolvez	v. avez	absous
ils	absolvent	ils ont	absous

Imparfait		Plus-que-parfait	
j'	absolvais	j' avais	absous
tu	absolvais	tu avais	absous
il	absolvait	il avait	absous
nous	absolvions	n. avions	absous
vous	absolviez	v. aviez	absous
ils	absolvaient	ils avaient	absous

Passé simple	Passé antérieur	
	j' eus	absous
	tu eus	absous
N'existe pas	il eut	absous
	n. eûmes	absous
	v. eûtes	absous
	ils eurent	absous

Futur simple		Futur antérieur	
j'	absoudrai	j' aurai	absous
tu	absoudras	tu auras	absous
il	absoudra	il aura	absous
nous	absoudrons	n. aurons	absous
vous	absoudrez	v. aurez	absous
ils	absoudront	ils auront	absous

SUBJONCTIF

Présent		Passé	
que j'	absolve	que j' aie	absous
que tu	absolves	que tu aies	absous
qu'il	absolve	qu'il ait	absous
que n.	absolvions	que n. ayons	absous
que v.	absolviez	que v. ayez	absous
qu'ils	absolvent	qu'ils aient	absous

Imparfait	Plus-que-parfait	
	que j' eusse	absous
	que tu eusses	absous
N'existe pas	qu'il eût	absous
	que n. eussions	absous
	que v. eussiez	absous
	qu'ils eussent	absous

IMPERATIF

Présent	Passé	
absous	aie	absous
absolvons	ayons	absous
absolvez	ayez	absous

CONDITIONNEL

Présent		Passé 1re forme	
j'	absoudrais	j' aurais	absous
tu	absoudrais	tu aurais	absous
il	absoudrait	il aurait	absous
n.	absoudrions	n. aurions	absous
v.	absoudriez	v. auriez	absous
ils	absoudraient	ils auraient	absous

Passé 2e forme		
j'	eusse	absous
tu	eusses	absous
il	eût	absous
n.	eussions	absous
v.	eussiez	absous
ils	eussent	absous

INFINITIF

Présent	Passé
absoudre	avoir absous

PARTICIPE

Présent	Passé
absolvant	absous, oute
	ayant absous

Absoudre. *Absous, absoute* a éliminé un ancien participe passé *absolu* qui s'est conservé comme adjectif au sens de : *complet, sans restriction.* Bien qu'admis par Littré, le passé simple *j'absolus* ne s'emploie pas. **Dissoudre** se conjugue comme **absoudre,** y compris le participe passé *dissous, dissoute,* distinct de l'ancien participe *dissolu, ue,* qui a subsisté comme adjectif au sens de *corrompu, débauché.*

Résoudre, à la différence de **absoudre,** possède un passé simple : *je résolus,* et un subjonctif imparfait : *que je résolusse.* Le participe passé est *résolu : J'ai résolu ce problème.* Mais il existe un participe passé *résous* (fém. *résoute* très rare), qui n'est usité qu'en parlant des choses qui changent d'état : *brouillard résous en pluie.* Noter l'adjectif *résolu* signifiant *hardi.*

■ ■ ■

INDICATIF

Présent

je	couds
tu	couds
il	coud
nous	cousons
vous	cousez
ils	cousent

Passé composé

j'	ai	cousu
tu	as	cousu
il	a	cousu
n.	avons	cousu
v.	avez	cousu
ils	ont	cousu

Imparfait

je	cousais
tu	cousais
il	cousait
nous	cousions
vous	cousiez
ils	cousaient

Plus-que-parfait

j'	avais	cousu
tu	avais	cousu
il	avait	cousu
n.	avions	cousu
v.	aviez	cousu
ils	avaient	cousu

Passé simple

je	cousis
tu	cousis
il	cousit
nous	cousîmes
vous	cousîtes
ils	cousirent

Passé antérieur

j'	eus	cousu
tu	eus	cousu
il	eut	cousu
n.	eûmes	cousu
v.	eûtes	cousu
ils	eurent	cousu

Futur simple

je	coudrai
tu	coudras
il	coudra
nous	coudrons
vous	coudrez
ils	coudront

Futur antérieur

j'	aurai	cousu
tu	auras	cousu
il	aura	cousu
n.	aurons	cousu
v.	aurez	cousu
ils	auront	cousu

SUBJONCTIF

Présent

que je	couse
que tu	couses
qu'il	couse
que n.	cousions
que v.	cousiez
qu'ils	cousent

Passé

que j'	aie	cousu
que tu	aies	cousu
qu'il	ait	cousu
que n.	ayons	cousu
que v.	ayez	cousu
qu'ils	aient	cousu

Imparfait

que je	cousisse
que tu	cousisses
qu'il	cousît
que n.	cousissions
que v.	cousissiez
qu'ils	cousissent

Plus-que-parfait

que j'	eusse	cousu
que tu	eusses	cousu
qu'il	eût	cousu
que n.	eussions	cousu
que v.	eussiez	cousu
qu'ils	eussent	cousu

IMPERATIF

Présent

| couds |
| cousons |
| cousez |

Passé

aie	cousu
ayons	cousu
ayez	cousu

CONDITIONNEL

Présent

je	coudrais
tu	coudrais
il	coudrait
n.	coudrions
v.	coudriez
ils	coudraient

Passé 1re forme

j'	aurais	cousu
tu	aurais	cousu
il	aurait	cousu
n.	aurions	cousu
v.	auriez	cousu
ils	auraient	cousu

Passé 2e forme

j'	eusse	cousu
tu	eusses	cousu
il	eût	cousu
n.	eussions	cousu
v.	eussiez	cousu
ils	eussent	cousu

INFINITIF

Présent

coudre

Passé

avoir cousu

PARTICIPE

Présent

cousant

Passé

cousu, ue
ayant cousu

Ainsi se conjuguent **découdre, recoudre.**

∎∎∎

INDICATIF

Présent

je	mouds
tu	mouds
il	moud
nous	moulons
vous	moulez
ils	moulent

Passé composé

j'	ai	moulu
tu	as	moulu
il	a	moulu
n.	avons	moulu
v.	avez	moulu
ils	ont	moulu

Imparfait

je	moulais
tu	moulais
il	moulait
nous	moulions
vous	mouliez
ils	moulaient

Plus-que-parfait

j'	avais	moulu
tu	avais	moulu
il	avait	moulu
n.	avions	moulu
v.	aviez	moulu
ils	avaient	moulu

Passé simple

je	moulus
tu	moulus
il	moulut
nous	moulûmes
vous	moulûtes
ils	moulurent

Passé antérieur

j'	eus	moulu
tu	eus	moulu
il	eut	moulu
n.	eûmes	moulu
v.	eûtes	moulu
ils	eurent	moulu

Futur simple

je	moudrai
tu	moudras
il	moudra
nous	moudrons
vous	moudrez
ils	moudront

Futur antérieur

j'	aurai	moulu
tu	auras	moulu
il	aura	moulu
n.	aurons	moulu
v.	aurez	moulu
ils	auront	moulu

SUBJONCTIF

Présent

que je	moule
que tu	moules
qu'il	moule
que n.	moulions
que v.	mouliez
qu'ils	moulent

Passé

que j'	aie	moulu
que tu	aies	moulu
qu'il	ait	moulu
que n.	ayons	moulu
que v.	ayez	moulu
qu'ils	aient	moulu

Imparfait

que je	moulusse
que tu	moulusses
qu'il	moulût
que n.	moulussions
que v.	moulussiez
qu'ils	moulussent

Plus-que-parfait

que j'	eusse	moulu
que tu	eusses	moulu
qu'il	eût	moulu
que n.	eussions	moulu
que v.	eussiez	moulu
qu'ils	eussent	moulu

IMPERATIF

Présent

mouds
moulons
moulez

Passé

aie	moulu
ayons	moulu
ayez	moulu

CONDITIONNEL

Présent

je	moudrais
tu	moudrais
il	moudrait
n.	moudrions
v.	moudriez
ils	moudraient

Passé 1re forme

j'	aurais	moulu
tu	aurais	moulu
il	aurait	moulu
n.	aurions	moulu
v.	auriez	moulu
ils	auraient	moulu

INFINITIF

Présent

moudre

Passé

avoir moulu

PARTICIPE

Présent

moulant

Passé

moulu, ue
ayant moulu

Passé 2e forme

j'	eusse	moulu
tu	eusses	moulu
il	eût	moulu
n.	eussions	moulu
v.	eussiez	moulu
ils	eussent	moulu

Ainsi se conjuguent **émoudre, remoudre.**

75

■ ■ ■

INDICATIF

Présent

je	suis
tu	suis
il	suit
nous	suivons
vous	suivez
ils	suivent

Passé composé

j'	ai	suivi
tu	as	suivi
il	a	suivi
n.	avons	suivi
v.	avez	suivi
ils	ont	suivi

Imparfait

je	suivais
tu	suivais
il	suivait
nous	suivions
vous	suiviez
ils	suivaient

Plus-que-parfait

j'	avais	suivi
tu	avais	suivi
il	avait	suivi
n.	avions	suivi
v.	aviez	suivi
ils	avaient	suivi

Passé simple

je	suivis
tu	suivis
il	suivit
nous	suivîmes
vous	suivîtes
ils	suivirent

Passé antérieur

j'	eus	suivi
tu	eus	suivi
il	eut	suivi
n.	eûmes	suivi
v.	eûtes	suivi
ils	eurent	suivi

Futur simple

je	suivrai
tu	suivras
il	suivra
nous	suivrons
vous	suivrez
ils	suivront

Futur antérieur

j'	aurai	suivi
tu	auras	suivi
il	aura	suivi
n.	aurons	suivi
v.	aurez	suivi
ils	auront	suivi

SUBJONCTIF

Présent

que je	suive
que tu	suives
qu'il	suive
que n.	suivions
que v.	suiviez
qu'ils	suivent

Passé

que j'	aie	suivi
que tu	aies	suivi
qu'il	ait	suivi
que n.	ayons	suivi
que v.	ayez	suivi
qu'ils	aient	suivi

Imparfait

que je	suivisse
que tu	suivisses
qu'il	suivît
que n.	suivissions
que v.	suivissiez
qu'ils	suivissent

Plus-que-parfait

que j'	eusse	suivi
que tu	eusses	suivi
qu'il	eût	suivi
que n.	eussions	suivi
que v.	eussiez	suivi
qu'ils	eussent	suivi

IMPERATIF

Présent

suis
suivons
suivez

Passé

aie	suivi
ayons	suivi
ayez	suivi

CONDITIONNEL

Présent

je	suivrais
tu	suivrais
il	suivrait
n.	suivrions
v.	suivriez
ils	suivraient

Passé 1re forme

j'	aurais	suivi
tu	aurais	suivi
il	aurait	suivi
n.	aurions	suivi
v.	auriez	suivi
ils	auraient	suivi

Passé 2e forme

j'	eusse	suivi
tu	eusses	suivi
il	eût	suivi
n.	eussions	suivi
v.	eussiez	suivi
ils	eussent	suivi

INFINITIF

Présent

suivre

Passé

avoir suivi

PARTICIPE

Présent

suivant

Passé

suivi, ie
ayant suivi

Ainsi se conjuguent **s'ensuivre** (auxiliaire **être**) et **poursuivre**.

INDICATIF

Présent		Passé composé	
je	vis	j'	ai	vécu
tu	vis	tu	as	vécu
il	vit	il	a	vécu
nous	vivons	n.	avons	vécu
vous	vivez	v.	avez	vécu
ils	vivent	ils	ont	vécu

Imparfait		Plus-que-parfait	
je	vivais	j'	avais	vécu
tu	vivais	tu	avais	vécu
il	vivait	il	avait	vécu
nous	vivions	n.	avions	vécu
vous	viviez	v.	aviez	vécu
ils	vivaient	ils	avaient	vécu

Passé simple		Passé antérieur	
je	vécus	j'	eus	vécu
tu	vécus	tu	eus	vécu
il	vécut	il	eut	vécu
nous	vécûmes	n.	eûmes	vécu
vous	vécûtes	v.	eûtes	vécu
ils	vécurent	ils	eurent	vécu

Futur simple		Futur antérieur	
je	vivrai	j'	aurai	vécu
tu	vivras	tu	auras	vécu
il	vivra	il	aura	vécu
nous	vivrons	n.	aurons	vécu
vous	vivrez	v.	aurez	vécu
ils	vivront	ils	auront	vécu

SUBJONCTIF

Présent		Passé	
que je	vive	que j'	aie	vécu
que tu	vives	que tu	aies	vécu
qu'il	vive	qu'il	ait	vécu
que n.	vivions	que n.	ayons	vécu
que v.	viviez	que v.	ayez	vécu
qu'ils	vivent	qu'ils	aient	vécu

Imparfait		Plus-que-parfait	
que je	vécusse	que j'	eusse	vécu
que tu	vécusses	que tu	eusses	vécu
qu'il	vécût	qu'il	eût	vécu
que n.	vécussions	que n.	eussions	vécu
que v.	vécussiez	que v.	eussiez	vécu
qu'ils	vécussent	qu'ils	eussent	vécu

IMPERATIF

Présent	Passé	
vis	aie	vécu
vivons	ayons	vécu
vivez	ayez	vécu

CONDITIONNEL

Présent		Passé 1re forme	
je	vivrais	j'	aurais	vécu
tu	vivrais	tu	aurais	vécu
il	vivrait	il	aurait	vécu
n.	vivrions	n.	aurions	vécu
v.	vivriez	v.	auriez	vécu
ils	vivraient	ils	auraient	vécu

Passé 2e forme		
j'	eusse	vécu
tu	eusses	vécu
il	eût	vécu
n.	eussions	vécu
v.	eussiez	vécu
ils	eussent	vécu

INFINITIF

Présent	Passé
vivre	avoir vécu

PARTICIPE

Présent	Passé
vivant	vécu
	ayant vécu

Ainsi se conjuguent **revivre** et **survivre;** le participe passé de ce dernier est invariable.

77 VERBE **LIRE**

■ ■ ■

INDICATIF					**SUBJONCTIF**				

INDICATIF

Présent		*Passé composé*			*Présent*		*Passé*		
je	lis	j'	ai	lu	que je	lise	que j'	aie	lu
tu	lis	tu	as	lu	que tu	lises	que tu	aies	lu
il	lit	il	a	lu	qu'il	lise	qu'il	ait	lu
nous	lisons	n.	avons	lu	que n.	lisions	que n.	ayons	lu
vous	lisez	v.	avez	lu	que v.	lisiez	que v.	ayez	lu
ils	lisent	ils	ont	lu	qu'ils	lisent	qu'ils	aient	lu

Imparfait		*Plus-que-parfait*			*Imparfait*		*Plus-que-parfait*		
je	lisais	j'	avais	lu	que je	lusse	que j'	eusse	lu
tu	lisais	tu	avais	lu	que tu	lusses	que tu	eusses	lu
il	lisait	il	avait	lu	qu'il	lût	qu'il	eût	lu
nous	lisions	n.	avions	lu	que n.	lussions	que n.	eussions	lu
vous	lisiez	v.	aviez	lu	que v.	lussiez	que v.	eussiez	lu
ils	lisaient	ils	avaient	lu	qu'ils	lussent	qu'ils	eussent	lu

Passé simple		*Passé antérieur*		
je	lus	j'	eus	lu
tu	lus	tu	eus	lu
il	lut	il	eut	lu
nous	lûmes	n.	eûmes	lu
vous	lûtes	v.	eûtes	lu
ils	lurent	ils	eurent	lu

IMPERATIF

Présent	*Passé*	
lis	aie	lu
lisons	ayons	lu
lisez	ayez	lu

Futur simple		*Futur antérieur*		
je	lirai	j'	aurai	lu
tu	liras	tu	auras	lu
il	lira	il	aura	lu
nous	lirons	n.	aurons	lu
vous	lirez	v.	aurez	lu
ils	liront	ils	auront	lu

CONDITIONNEL

Présent		*Passé 1re forme*		
je	lirais	j'	aurais	lu
tu	lirais	tu	aurais	lu
il	lirait	il	aurait	lu
n.	lirions	n.	aurions	lu
v.	liriez	v.	auriez	lu
ils	liraient	ils	auraient	lu

INFINITIF

Présent	*Passé*
lire	avoir lu

PARTICIPE

Présent	*Passé*
lisant	lu, lue
	ayant lu

Passé 2e forme		
j'	eusse	lu
tu	eusses	lu
il	eût	lu
n.	eussions	lu
v.	eussiez	lu
ils	eussent	lu

Ainsi se conjuguent **élire, réélire, relire.**

■ ■ ■

INDICATIF

Présent		*Passé composé*		
je	dis	j'	ai	dit
tu	dis	tu	as	dit
il	dit	il	a	dit
nous	disons	n.	avons	dit
vous	dites	v.	avez	dit
ils	disent	ils	ont	dit

Imparfait		*Plus-que-parfait*		
je	disais	j'	avais	dit
tu	disais	tu	avais	dit
il	disait	il	avait	dit
nous	disions	n.	avions	dit
vous	disiez	v.	aviez	dit
ils	disaient	ils	avaient	dit

Passé simple		*Passé antérieur*		
je	dis	j'	eus	dit
tu	dis	tu	eus	dit
il	dit	il	eut	dit
nous	dîmes	n.	eûmes	dit
vous	dîtes	v.	eûtes	dit
ils	dirent	ils	eurent	dit

Futur simple		*Futur antérieur*		
je	dirai	j'	aurai	dit
tu	diras	tu	auras	dit
il	dira	il	aura	dit
nous	dirons	n.	aurons	dit
vous	direz	v.	aurez	dit
ils	diront	ils	auront	dit

SUBJONCTIF

Présent		*Passé*		
que je	dise	que j'	aie	dit
que tu	dises	que tu	aies	dit
qu'il	dise	qu'il	ait	dit
que n.	disions	que n.	ayons	dit
que v.	disiez	que v.	ayez	dit
qu'ils	disent	qu'ils	aient	dit

Imparfait		*Plus-que-parfait*		
que je	disse	que j'	eusse	dit
que tu	disses	que tu	eusses	dit
qu'il	dît	qu'il	eût	dit
que n.	dissions	que n.	eussions	dit
que v.	dissiez	que v.	eussiez	dit
qu'ils	dissent	qu'ils	eussent	dit

IMPERATIF

Présent	*Passé*	
dis	aie	dit
disons	ayons	dit
dites	ayez	dit

CONDITIONNEL

Présent		*Passé 1re forme*		
je	dirais	j'	aurais	dit
tu	dirais	tu	aurais	dit
il	dirait	il	aurait	dit
n.	dirions	n.	aurions	dit
v.	diriez	v.	auriez	dit
ils	diraient	ils	auraient	dit

Passé 2e forme

j'	eusse	dit
tu	eusses	dit
il	eût	dit
n.	eussions	dit
v.	eussiez	dit
ils	eussent	dit

INFINITIF

Présent	*Passé*
dire	avoir dit

PARTICIPE

Présent	*Passé*
disant	dit, ite
	ayant dit

Ainsi se conjugue **redire**. **Contredire, dédire, interdire, médire** et **prédire** ont au présent de l'indicatif et de l'impératif les formes : *(vous) contredisez, dédisez, interdisez, médisez, prédisez.* Quant à **maudire**, il se conjugue sur **finir** : *nous maudissons, vous maudissez, ils maudissent, je maudissais,* etc., *maudissant,* sauf au participe passé : *maudit, ite.*

VERBE **RIRE**

■ ■ ■

| INDICATIF | | SUBJONCTIF | |

Présent / Passé composé

Présent			Passé composé		
je	ris		j'	ai	ri
tu	ris		tu	as	ri
il	rit		il	a	ri
nous	rions		n.	avons	ri
vous	riez		v.	avez	ri
ils	rient		ils	ont	ri

Imparfait / Plus-que-parfait

Imparfait			Plus-que-parfait		
je	riais		j'	avais	ri
tu	riais		tu	avais	ri
il	riait		il	avait	ri
nous	riions		n.	avions	ri
vous	riiez		v.	aviez	ri
ils	riaient		ils	avaient	ri

Passé simple / Passé antérieur

Passé simple			Passé antérieur		
je	ris		j'	eus	ri
tu	ris		tu	eus	ri
il	rit		il	eut	ri
nous	rîmes		n.	eûmes	ri
vous	rîtes		v.	eûtes	ri
ils	rirent		ils	eurent	ri

Futur simple / Futur antérieur

Futur simple			Futur antérieur		
je	rirai		j'	aurai	ri
tu	riras		tu	auras	ri
il	rira		il	aura	ri
nous	rirons		n.	aurons	ri
vous	rirez		v.	aurez	ri
ils	riront		ils	auront	ri

SUBJONCTIF

Présent			Passé		
que je	rie		que j'	aie	ri
que tu	ries		que tu	aies	ri
qu'il	rie		qu'il	ait	ri
que n.	riions		que n.	ayons	ri
que v.	riiez		que v.	ayez	ri
qu'ils	rient		qu'ils	aient	ri

Imparfait (rare)			Plus-que-parfait		
que je	risse		que j'	eusse	ri
que tu	risses		que tu	eusses	ri
qu'il	rît		qu'il	eût	ri
que n.	rissions		que n.	eussions	ri
que v.	rissiez		que v.	eussiez	ri
qu'ils	rissent		qu'ils	eussent	ri

IMPERATIF

Présent		Passé	
ris		aie	ri
rions		ayons	ri
riez		ayez	ri

CONDITIONNEL

Présent			Passé 1re forme		
je	rirais		j'	aurais	ri
tu	rirais		tu	aurais	ri
il	rirait		il	aurait	ri
n.	ririons		n.	aurions	ri
v.	ririez		v.	auriez	ri
ils	riraient		ils	auraient	ri

Passé 2e forme		
j'	eusse	ri
tu	eusses	ri
il	eût	ri
n.	eussions	ri
v.	eussiez	ri
ils	eussent	ri

| INFINITIF | | PARTICIPE | |

Présent	Passé	Présent	Passé
rire	avoir ri	riant	ri
			ayant ri

Remarquer les deux **i** de suite aux deux premières personnes du pluriel de l'imparfait de l'indicatif et du présent du subjonctif. Ainsi se conjugue **sourire**.

■■■

INDICATIF

Présent

j'	écris
tu	écris
il	écrit
nous	écrivons
vous	écrivez
ils	écrivent

Passé composé

j'	ai	écrit
tu	as	écrit
il	a	écrit
n.	avons	écrit
v.	avez	écrit
ils	ont	écrit

Imparfait

j'	écrivais
tu	écrivais
il	écrivait
nous	écrivions
vous	écriviez
ils	écrivaient

Plus-que-parfait

j'	avais	écrit
tu	avais	écrit
il	avait	écrit
n.	avions	écrit
v.	aviez	écrit
ils	avaient	écrit

Passé simple

j'	écrivis
tu	écrivis
il	écrivit
nous	écrivîmes
vous	écrivîtes
ils	écrivirent

Passé antérieur

j'	eus	écrit
tu	eus	écrit
il	eut	écrit
n.	eûmes	écrit
v.	eûtes	écrit
ils	eurent	écrit

Futur simple

j'	écrirai
tu	écriras
il	écrira
nous	écrirons
vous	écrirez
ils	écriront

Futur antérieur

j'	aurai	écrit
tu	auras	écrit
il	aura	écrit
n.	aurons	écrit
v.	aurez	écrit
ils	auront	écrit

SUBJONCTIF

Présent

que j'	écrive
que tu	écrives
qu'il	écrive
que n.	écrivions
que v.	écriviez
qu'ils	écrivent

Passé

que j'	aie	écrit
que tu	aies	écrit
qu'il	ait	écrit
que n.	ayons	écrit
que v.	ayez	écrit
qu'ils	aient	écrit

Imparfait

que j'	écrivisse
que tu	écrivisses
qu'il	écrivît
que n.	écrivissions
que v.	écrivissiez
qu'ils	écrivissent

Plus-que-parfait

que j'	eusse	écrit
que tu	eusses	écrit
qu'il	eût	écrit
que n.	eussions	écrit
que v.	eussiez	écrit
qu'ils	eussent	écrit

IMPERATIF

Présent

écris
écrivons
écrivez

Passé

aie	écrit
ayons	écrit
ayez	écrit

CONDITIONNEL

Présent

j'	écrirais
tu	écrirais
il	écrirait
n.	écririons
v.	écririez
ils	écriraient

Passé 1re forme

j'	aurais	écrit
tu	aurais	écrit
il	aurait	écrit
n.	aurions	écrit
v.	auriez	écrit
ils	auraient	écrit

INFINITIF

Présent

écrire

Passé

avoir écrit

PARTICIPE

Présent

écrivant

Passé

écrit, ite
ayant écrit

Passé 2e forme

j'	eusse	écrit
tu	eusses	écrit
il	eût	écrit
n.	eussions	écrit
v.	eussiez	écrit
ils	eussent	écrit

Ainsi se conjuguent **récrire, décrire,** et tous les composés en **-scrire** (page 119).

INDICATIF

Présent

je	confis
tu	confis
il	confit
nous	confisons
vous	confisez
ils	confisent

Passé composé

j'	ai	confit
tu	as	confit
il	a	confit
n.	avons	confit
v.	avez	confit
ils	ont	confit

Imparfait

je	confisais
tu	confisais
il	confisait
nous	confisions
vous	confisiez
ils	confisaient

Plus-que-parfait

j'	avais	confit
tu	avais	confit
il	avait	confit
n.	avions	confit
v.	aviez	confit
ils	avaient	confit

Passé simple

je	confis
tu	confis
il	confit
nous	confîmes
vous	confîtes
ils	confirent

Passé antérieur

j'	eus	confit
tu	eus	confit
il	eut	confit
n.	eûmes	confit
v.	eûtes	confit
ils	eurent	confit

Futur simple

je	confirai
tu	confiras
il	confira
nous	confirons
vous	confirez
ils	confiront

Futur antérieur

j'	aurai	confit
tu	auras	confit
il	aura	confit
n.	aurons	confit
v.	aurez	confit
ils	auront	confit

SUBJONCTIF

Présent

que je	confise
que tu	confises
qu'il	confise
que n.	confisions
que v.	confisiez
qu'ils	confisent

Passé

que j'	aie	confit
que tu	aies	confit
qu'il	ait	confit
que n.	ayons	confit
que v.	ayez	confit
qu'ils	aient	confit

Imparfait

que je	confisse
que tu	confisses
qu'il	confît
que n.	confissions
que v.	confissiez
qu'ils	confissent

Plus-que-parfait

que j'	eusse	confit
que tu	eusses	confit
qu'il	eût	confit
que n.	eussions	confit
que v.	eussiez	confit
qu'ils	eussent	confit

IMPERATIF

Présent

confis
confisons
confisez

Passé

aie	confit
ayons	confit
ayez	confit

CONDITIONNEL

Présent

je	confirais
tu	confirais
il	confirait
n.	confirions
v.	confiriez
ils	confiraient

Passé 1re forme

j'	aurais	confit
tu	aurais	confit
il	aurait	confit
n.	aurions	confit
v.	auriez	confit
ils	auraient	confit

Passé 2e forme

j'	eusse	confit
tu	eusses	confit
il	eût	confit
n.	eussions	confit
v.	eussiez	confit
ils	eussent	confit

INFINITIF

Présent

confire

Passé

avoir confit

PARTICIPE

Présent

confisant

Passé

confit, ite
ayant confit

Circoncire, tout en se conjuguant sur **confire,** fait au participe passé *circoncis, ise.*

Frire n'est usité qu'au singulier du présent de l'indicatif et de l'impératif : *je fris, tu fris, il frit, fris;* rarement au futur et au conditionnel : *je frirai... je frirais...;* au participe passé *frit, frite,* et aux temps composés formés avec l'auxiliaire **avoir.** Aux temps et aux personnes où **frire** est défectif, on lui substitue le verbe **faire frire,** du moins quand **frire** devrait être employé au sens transitif : *Ils font frire du poisson.* Le verbe **frire** peut en effet être employé au sens intransitif : *Le beurre frit dans la poêle.*

Suffire se conjugue sur **confire.** Remarquer toutefois que le participe passé est *suffi* (sans **t**), invariable même à la forme pronominale : *Les pauvres femmes se sont suffi avec peine jusqu'à présent.*

INDICATIF

Présent

je	cuis
tu	cuis
il	cuit
nous	cuisons
vous	cuisez
ils	cuisent

Passé composé

j'	ai	cuit
tu	as	cuit
il	a	cuit
n.	avons	cuit
v.	avez	cuit
ils	ont	cuit

Imparfait

je	cuisais
tu	cuisais
il	cuisait
nous	cuisions
vous	cuisiez
ils	cuisaient

Plus-que-parfait

j'	avais	cuit
tu	avais	cuit
il	avait	cuit
n.	avions	cuit
v.	aviez	cuit
ils	avaient	cuit

Passé simple

je	cuisis
tu	cuisis
il	cuisit
nous	cuisîmes
vous	cuisîtes
ils	cuisirent

Passé antérieur

j'	eus	cuit
tu	eus	cuit
il	eut	cuit
n.	eûmes	cuit
v.	eûtes	cuit
ils	eurent	cuit

Futur simple

je	cuirai
tu	cuiras
il	cuira
nous	cuirons
vous	cuirez
ils	cuiront

Futur antérieur

j'	aurai	cuit
tu	auras	cuit
il	aura	cuit
n.	aurons	cuit
v.	aurez	cuit
ils	auront	cuit

INFINITIF

Présent

cuire

Passé

avoir cuit

SUBJONCTIF

Présent

que je	cuise
que tu	cuises
qu'il	cuise
que n.	cuisions
que v.	cuisiez
qu'ils	cuisent

Passé

que j'	aie	cuit
que tu	aies	cuit
qu'il	ait	cuit
que n.	ayons	cuit
que v.	ayez	cuit
qu'ils	aient	cuit

Imparfait

que je	cuisisse
que tu	cuisisses
qu'il	cuisît
que n.	cuisissions
que v.	cuisissiez
qu'ils	cuisissent

Plus-que-parfait

que j'	eusse	cuit
que tu	eusses	cuit
qu'il	eût	cuit
que n.	eussions	cuit
que v.	eussiez	cuit
qu'ils	eussent	cuit

IMPERATIF

Présent

cuis
cuisons
cuisez

Passé

aie	cuit
ayons	cuit
ayez	cuit

CONDITIONNEL

Présent

je	cuirais
tu	cuirais
il	cuirait
n.	cuirions
v.	cuiriez
ils	cuiraient

Passé 1re forme

j'	aurais	cuit
tu	aurais	cuit
il	aurait	cuit
n.	aurions	cuit
v.	auriez	cuit
ils	auraient	cuit

Passé 2e forme

j'	eusse	cuit
tu	eusses	cuit
il	eût	cuit
n.	eussions	cuit
v.	eussiez	cuit
ils	eussent	cuit

PARTICIPE

Présent

cuisant

Passé

cuit, uite
ayant cuit

Ainsi se conjuguent **conduire, construire, luire, nuire** et leurs composés (page 119). Noter les participes passés invariables : *lui, nui.*
Pour *reluire* comme pour *luire,* le passé simple **je (re)luisis** est supplanté par **je (re)luis... ils (re)luirent.**

LISTE ALPHABÉTIQUE DE TOUS LES VERBES DU 3e GROUPE[1]

22 **aller**
23 **tenir**
  abstenir (s')
  appartenir
  contenir
  détenir
  entretenir
  maintenir
  obtenir
  retenir
  soutenir
  venir
  advenir
  circonvenir
  contrevenir
  convenir
  devenir
  disconvenir
  intervenir
  obvenir
  parvenir
  prévenir
  provenir
  redevenir
  ressouvenir (se)
  revenir
  souvenir (se)
  subvenir
  survenir
24 **acquérir**
  conquérir
  enquérir (s')
  quérir
  reconquérir
  requérir
25 **sentir**
  consentir
  pressentir
  ressentir
  mentir
  démentir
  partir
  départir
  repartir
  repentir (se)
  sortir
  ressortir

26 **vêtir**
  dévêtir
  revêtir
27 **couvrir**
  découvrir
  recouvrir
  ouvrir
  entrouvrir
  rentrouvrir
  rouvrir
  offrir
  souffrir
28 **cueillir**
  accueillir
  recueillir
29 **assaillir**
  saillir
  tressaillir
30 **faillir**
  défaillir
31 **bouillir**
  débouillir
32 **dormir**
  endormir
  rendormir
33 **courir**
  accourir
  concourir
  discourir
  encourir
  parcourir
  recourir
  secourir
34 **mourir**
35 **servir**
  desservir
  resservir
19 (asservir)
36 **fuir**
  enfuir (s')
37 **ouïr**
  gésir
38 **recevoir**
  apercevoir
  concevoir
  décevoir
  percevoir

39 **voir**
  entrevoir
  prévoir
  revoir
40 **pourvoir**
  dépourvoir
41 **savoir**
42 **devoir**
  redevoir
43 **pouvoir**
44 **mouvoir**
  émouvoir
  promouvoir
45 **pleuvoir**
  repleuvoir
46 **falloir**
47 **valoir**
  équivaloir
  prévaloir
  revaloir
48 **vouloir**
49 **asseoir**
  rasseoir
50 **seoir**
  messeoir
51 **surseoir**
52 **choir**
  déchoir
  échoir
53 **rendre**
  défendre
  descendre
  condescendre
  redescendre
  fendre
  pourfendre
  refendre
  pendre
  appendre
  dépendre
  rependre
  suspendre
  tendre
  attendre
  détendre

  distendre
  entendre
  étendre
  prétendre
  retendre
  sous-entendre
  sous-tendre
  vendre
  mévendre
  revendre
  épandre
  répandre
  fondre
  confondre
  morfondre (se)
  parfondre
  refondre
  pondre
  répondre
  correspondre
  tondre
  retondre
  perdre
  reperdre
  mordre
  démordre
  remordre
  tordre
  détordre
  distordre
  retordre
  rompre
  corrompre
  interrompre
  foutre
  contrefoutre (se)
54 **prendre**
  apprendre
  comprendre
  déprendre
  désapprendre
  entreprendre
  éprendre (s')
  méprendre (se)
  réapprendre
  reprendre
  surprendre

55	**battre**	58	**joindre**	66	**paître**	79	**rire**
	abattre		adjoindre		repaître		sourire
	combattre		conjoindre	67	**croître**	80	**écrire**
	contrebattre		disjoindre		accroître		circonscrire
	débattre		enjoindre		décroître		décrire
	ébattre (s')		rejoindre		recroître		inscrire
	embattre		*oindre*	68	**croire**		prescrire
	rabattre		*poindre*		accroire		proscrire
	rebattre	59	**craindre**	69	**boire**		récrire
56	**mettre**		*contraindre*		emboire		réinscrire
	admettre		*plaindre*	70	**clore**		retranscrire
	commettre	60	**vaincre**		déclore		souscrire
	compromettre		convaincre		éclore		transcrire
	démettre	61	**traire**		enclore	81	**confire**
	émettre		abstraire		forclore		déconfire
	entremettre (s')		distraire	71	**conclure**		*circoncire*
	omettre		extraire		exclure		*frire*
	permettre		retraire		inclure		*suffire*
	promettre		soustraire		occlure	82	**cuire**
	réadmettre		*braire*		reclure		recuire
	remettre	62	**faire**	72	**absoudre**		*conduire*
	retransmettre		contrefaire		dissoudre		déduire
	soumettre		défaire		résoudre		éconduire
	transmettre		forfaire	73	**coudre**		enduire
57	**peindre**		malfaire		découdre		induire
	dépeindre		méfaire		recoudre		introduire
	repeindre		parfaire	74	**moudre**		produire
	astreindre		redéfaire		émoudre		reconduire
	étreindre		refaire		remoudre		réduire
	restreindre		satisfaire	75	**suivre**		réintroduire
	atteindre		surfaire		ensuivre (s')		reproduire
	ceindre	63	**plaire**		poursuivre		retraduire
	enceindre		complaire	76	**vivre**		séduire
	empreindre		déplaire		revivre		traduire
	enfreindre		taire		survivre		*construire*
	feindre	64	**connaître**	77	**lire**		détruire
	geindre		méconnaître		élire		instruire
	teindre		reconnaître		réélire		reconstruire
	déteindre		*paraître*		relire		*luire*
	éteindre		apparaître	78	**dire**		reluire
	reteindre		comparaître		contredire		*nuire*
			disparaître		dédire		entre-nuire (s')
			réapparaître		interdire		
			recomparaître	19	(maudire)		
			reparaître		médire		
			transparaître		prédire		
		65	**naître**		redire		
			renaître				

1. Classés dans l'ordre des tableaux de conjugaison où se trouve entièrement conjugué soit le verbe lui-même, soit le verbe type (en gras) qui lui sert de modèle, à l'auxiliaire près.

LE CHOIX DE L'AUXILIAIRE

Se conjuguent avec être **ou** avoir **(◊), selon la nuance de l'emploi, les verbes :**

apparaître[1]	déborder	diminuer	expirer	rajeunir
atterrir	décamper	disconvenir[3]	faillir	ressusciter
augmenter	déchoir	disparaître[4]	grandir	résulter
camper	décroître	divorcer	grossir	sonner
changer	dégeler	échapper[5]	maigrir	stationner
chavirer	dégénérer	échouer	monter[7]	tourner
convenir	déménager	éclore[6]	paraître	trébucher
crever	demeurer	embellir	passer	trépasser
crouler	dénicher	empirer	pourrir	vieillir
croupir	descendre[2]	enlaidir		

1. **Apparaître**, selon les grammairiens et l'Académie, se construit, comme *disparaître,* indifféremment avec les auxiliaires **être** ou **avoir** : *Les spectres lui* **ont** *apparu ou lui* **sont** *apparus* (Ac.). Il semble cependant préférable d'employer **avoir** si l'on considère l'action : *Les patriarches lui dressèrent des autels en certains endroits où il leur* **avait** *apparu* (Massillon) ; **être** si l'on considère le résultat : *Elle m'est* *apparue avec trop d'avantage* (Racine). Mais l'usage tend à généraliser l'auxiliaire **être,** même quand on considère uniquement l'action : *Cet homme m'est* *apparu au moment où je le croyais bien loin* (Ac.).

2. **Descendre.** Quand on veut insister sur le résultat, on emploie toujours l'auxiliaire **être** : *Il est descendu chez des amis* (Ac.). Mais, même pour indiquer l'action, l'auxiliaire **être** s'emploie plus couramment qu'**avoir** : *Nous* **sommes** *aussitôt descendus de voiture.* Cependant on peut correctement écrire : *Il a descendu bien promptement* (Ac.).

3. **Disconvenir**, comme **convenir**, se conjugue avec l'auxiliaire **être** au sens de *ne pas convenir d'une chose, la nier,* avec l'auxiliaire **avoir** au sens de *ne pas convenir à,* mais cette acception est désuète.

4. **Disparaître**, comme **apparaître,** prend normalement l'auxiliaire **avoir** pour exprimer l'action, l'auxiliaire **être** pour exprimer l'état résultant de cette action. Quand, avec l'Académie, je dis : *Le soleil a disparu derrière l'horizon,* j'indique qu'à un moment donné le soleil a fait, apparemment, l'action de descendre par-delà la ligne d'horizon. Mais si, constatant l'absence du soleil dans le ciel, je veux exprimer l'état consécutif à cette disparition, je dirai : *Le soleil est disparu.*

5. **Échapper** veut toujours l'auxiliaire **avoir** au sens de *n'être pas saisi, n'être pas compris :* *Votre demande m'avait d'abord échappé.* Au sens de *être dit ou fait par inadvertance,* il prend l'auxiliaire **être :** *Il est impossible qu'une pareille bévue lui* **soit** *échappée* (Ac.). Au sens de *s'enfuir,* il utilise **avoir** ou **être** selon que l'on insiste sur l'action ou sur l'état : *Le prisonnier* **a** *échappé. Il est échappé de prison.* Noter le participe passé non accordé dans l'expression : *Il l'a* **échappé** *belle.*

6. **Éclore.** On emploie parfois l'auxiliaire **avoir** pour insister sur l'action elle-même : *Ces poussins* **ont** *éclos ce matin ; ceux-là* **sont** *éclos depuis hier.* Mais l'auxiliaire **être** est toujours possible : *Ces fleurs* **sont** *écloses cette nuit* (Ac.).

7. **Monter**, verbe intransitif, est conjugué normalement avec l'auxiliaire **être** : *Il* **est** *monté à sa chambre* (Ac.). Cependant, pour insister sur l'action en train de se faire, il peut se construire avec l'auxiliaire **avoir;** particulièrement dans certaines expressions consacrées par l'usage : *Il est hors d'haleine pour* **avoir** *monté trop vite* (Ac.). *La Seine* **a** *monté ; le thermomètre* **a** *monté ; les prix* **ont** *monté.*

Dictionnaire orthographique des verbes

AVEC INDICATIONS D'EMPLOI ET RENVOIS AUX TABLEAUX

CODE DES SIGNES DU DICTIONNAIRE

battre   Ces verbes sont particulièrement fréquents

(voir l'Échelle Dubois-Buyse)

qui correspond au vocabulaire

que devraient connaître les enfants en fin de primaire).

aimer 6   Renvoi aux verbes types dans les tableaux.

19   Renvoi aux tableaux (soit au modèle soit aux notes).

à, de, etc.   Rappel de la préposition régie par le verbe.

I   Verbe ou emploi intransitif.

T   Verbe ou emploi transitif direct.

P   Verbe ou emploi pronominal.

P   Participe invariable dans l'emploi pronominal : *ils se sont* **plu**.

♦   Ce verbe se conjugue avec *être*.

◊   Ce verbe se conjugue avec *être* OU *avoir* (cf. p. 120).

D   Verbe défectif.

il   Verbe ou emploi impersonnel.

≃   Ne s'emploie que sous cette forme.

a

C

capituler, I 6	**casser,** I, T, P 6	chambarder, T 6
caponner, I. 6	castagner, P 6	chambouler, T 6
caporaliser, T 6	castrer, T 6	chambrer, T 6
capoter, I, T 6	cataloguer, T 6	chamoiser, T. 6
capsuler, T 6	catalyser, T 6	champagniser, T . . 6
capter, T 6	catapulter, T 6	champlever, T 9
captiver, T, P. 6	catastropher, T 6	chanceler, I 11
capturer, T 6	catcher, I 6	chancir, I, P. 19
capuchonner, T . . . 6	catéchiser, T. 6	**changer,** I, ◊, T, P. . 8
caquer, T. 6	cauchemarder, I. . . 6	chansonner, T 6
caqueter, I 11	**causer,** I, T 6	chanstiquer, I, T . . . 6
caracoler, I 6	cautériser, T 6	**chanter,** I, T 6
caractériser, T, P. . . 6	cautionner, T 6	chantonner, I, T . . . 6
caramboler, I, T, P . 6	cavalcader, I. 6	chantourner, T 6
caraméliser, I, T, P . 6	cavaler, I, T, P 6	chaparder, T. 6
carapater, P 6	caver, I, T, P 6	chapeauter, T. 6
carbonater, T 6	caviarder, T. 6	chapeler, T 11
carboniser, T 6	**céder,** I, T 10	chaperonner, T. . . . 6
carburer, I, T. 6	ceindre, T 57	chapitrer, T. 6
carcailler, I 6	ceinturer, T. 6	chaponner, T 6
carder, T 6	**célébrer,** T 10	chaptaliser, T 6
carencer, T 7	celer, T 12	charbonner, I, T . . . 6
caréner, T 10	cémenter, T 6	charcuter, T 6
caresser, T. 6	cendrer, T 6	**charger,** T, P. 8
carguer, T. 6	censurer, T 6	**charmer,** T 6
caricaturer, T 6	centraliser, T. 6	charpenter, T 6
carier, T, P. 15	centrer, T 6	charrier, I, T 15
carillonner, I, T 6	centrifuger, T 8	charroyer, T 17
carmer, T. 6	centupler, I, T 6	**chasser,** I, T 6
carminer, T 6	cercler, T 6	châtier, T. 15
carnifier, P 15	cerner, T 6	chatonner, I 6
carotter, I, T 6	certifier, T 15	chatouiller, T 6
carreler, T 11	**cesser,** I, T, de 6	chatoyer, I 17
carrer, T, P. 6	chabler, T 6	châtrer, T 6
carrosser, T. 6	chagriner, T 6	**chauffer,** I, T, P . . 6
carroyer, T 17	chahuter, I, T 6	chauler, T 6
cartonner, T 6	chaîner, T 6	chaumer, I, T. 6
caséifier, T 15	challenger, T 8	**chausser,** I, T, P. . 6
casemater, T. 6	chaloir. . . . . D	chauvir, I 19
caser, T, P 6	(peu lui chaut...)	chavirer, I, ◊, T 6
caserner, T 6	chalouper, I 6	ch(e)linguer, I, T . . 6
casquer, I, T 6	chamailler, P. 6	cheminer, I. 6
	chamarrer, T 6	

*h = h aspiré

l

m

macadamiser, T . . . 6
macérer, I, T 10
mâcher, T 6
machicoter, I 6
machiner, T 6
mâchonner, T. 6
mâchouiller, T 6
mâchurer, T 6
macler, I, T 6
maçonner, T 6
macquer, T 6
maculer, T 6
madéfier, T 15
madériser, T, P 6
madrigaliser, I 6
magasiner, T 6
magner, P 6
magnétiser, T 6
magnétoscoper, T . 6
magnifier, T 15
magouiller, I, T 6
maigrir, I, ◊, T 19
mailler, I, T, P 6
mainmettre, T 56
maintenir, T, P . . . 23
maîtriser, T, P 6
majorer, T 6
malaxer, T 6
malfaire, I . . . . D
≃ infinitif
malléabiliser, T 6
malmener, T 9
malter, T 6
maltraiter, T 6
mamelonner, T 6
manager, T 8
manchonner, T 6

mandater, T 6
mander, T 6
manéger, T 14
mangeotter, T 6
manger, T 8
manier, T, P 15
maniérer, T 10
manifester, I, T, P 6
manigancer, T 7
manipuler, T 6
mannequiner, T . . . 6
manœuvrer, I, T . . . 6
manoquer, T 6
manquer, I, à, de, T, P 6
mansarder, T 6
manucurer, T 6
manufacturer, T . . . 6
manutentionner, T. 6
maquer, T 6
maquignonner, T . . 6
maquiller, T, P 6
marauder, I 6
marbrer, T 6
marchander, I, T . . . 6
marcher, I 6
marcotter, T 6
marger, T 8
marginaliser, T 6
marginer, T 6
margot(t)er, I 6
marier, T, P 15
mariner, I, T 6
marivauder, I 6
marmiter, T 6
marmonner, T 6
marmoriser, T 6
marmotter, I, T 6
marner, I, T 6
maronner, I 6
maroquiner, T 6
maroufler, T 6
marquer, I, T, P . . . 6
marqueter, T 11

marrer, P 6
marronner, I 6
marteler, T 12
martyriser, T 6
marxiser, T 6
masculiniser, T 6
masquer, I, T 6
massacrer, T 6
masser, I, T, P 6
massicoter, T 6
mastiquer, T 6
masturber, T, P 6
matcher, I, T 6
matelasser, T, P . . . 6
mater, T 6
mâter, T 6
matérialiser, T, P . . . 6
materner, T 6
materniser, T 6
mathématiser, T . . . 6
mâtiner, T 6
matir, T 19
matraquer, T 6
matricer, T 7
matriculer, T 6
maturer, T 6
maudire, T 19
mais p.p. : maudit, e
maugréer, I, T 13
maximaliser, T 6
maximiser, T 6
mazouter, I, T 6
mécaniser, T 6
mécher, T 10
mécompter, P 6
méconnaître, T 64
mécontenter, T 6
mécroire, T 68
médailler, T 6
médiatiser, T 6
médicamenter, T . . 6
médire, I, de 78
mais : (vous) médisez

O
—
P

occire, ... D
  ≃ infinitif
  temps composés
  p.p. occis, e
occlure, T 71
occulter, T 6
occuper, T, P 6
ocrer, T 6
octroyer, T, P 17
octupler, T 6
œuvrer, I 6
offenser, T, P 6
officialiser, T 6
officier, I 15
offrir, T, P 27
offusquer, T, P 6
oindre, T 58
oiseler, I, T 11
ombrager, T 8
ombrer, T 6
omettre, T 56
ondoyer, I, T 17
onduler, I, T 6
opacifier, T 15
opaliser, T 6
opérer, I, T, P . . . 10
opiacer, T 7
opiner, I 6
opiniâtrer, P 6
opposer, T, P 6
oppresser, T 6
opprimer, T 6
opter, I 6
optimaliser, T 6
optimiser, T 6
oranger, T 8
orbiter, I 6
orchestrer, T 6
ordonnancer, T . . . 7
ordonner, T, P . . . 6
organiser, T, P . . . 6
orienter, T, P 6
oringuer, T 6

ornementer, T 6
orner, T 6
orthographier, T . . . 15
osciller, I 6
oser, T 6
ossifier, T, P 15
ostraciser, T 6
ôter, T, P 6
ouater, T 6
ouatiner, T 6
oublier, T, P 15
ouiller, T 6
ouïr, T 37
ourdir, T 19
ourler, T 6
outiller, T 6
outrager, T 8
outrepasser, T 6
outrer, T 6
ouvrager, T 8
ouvrer, I, T 6
ouvrir, I, T, P 27
ovaliser, T 6
ovationner, T 6
oxyder, T, P 6
oxygéner, T, P 10
ozoniser, T 6

p

pacager, I, T 8
pacifier, T 15
pacquer, T 6
pactiser, I 6
paganiser, I, T 6
pagayer, I 16
pager, I, P 8
pageoter, P 6

paginer, T 6
pagnoter, ... 6
paillarder, I, P 6
paillassonner, T . . . 6
pailler, T 6
pailleter, T 11
paillonner, T 6
paisseler, T 11
paître, I, T 66
pajoter, P 6
palabrer, I 6
palancrer, T 6
ou palangrer, T . . . 6
palanguer, I 6
ou palanquer, I . . . 6
paletter, T 6
palettiser, T 6
pâlir, I, T 19
palissader, T 6
palisser, T 6
palissonner, T 6
pallier, T 15
palmer, T 6
paloter, T 6
palper, T 6
palpiter, I 6
pâmer, I, P 6
panacher, I, T, P . . . 6
paner, T 6
panifier, T 15
paniquer, I, P 6
panneauter, T 6
panner, T 6
panser, T 6
panteler, I 11
pantoufler, I 6
papillonner, I 6
papilloter, T 6
papoter, I 6
papouiller, T 6
parachever, T 9
parachuter, T 6
parader, I 6

q

r

S

t

Z

Achevé d'imprimer sur les presses de
Maury-Imprimeur S.A. – Malesherbes
Dépôt légal n° 13241 – Janvier 1993
N° d'impression : 41370 B